TASCHENATLAS DER
SOMMER-
BLUMEN

TASCHENATLAS DER SOMMERBLUMEN

Text von
JAROSLAV PRŮCHA

Illustrationen von
FRANTIŠEK SEVERA

DAUSIEN · HANAU/M

TASCHENATLAS DER
SOMMERBLUMEN

Text von Jaroslav Průcha
Illustrationen von František Severa
Ins Deutsche übertragen von Lucian Wichs
Graphische Gestaltung von Oldřich Fetter

VERLAG WERNER DAUSIEN · HANAU/MAIN
ISBN 3-7684-2591-6
3/02/25/52–01

INHALT

SOMMERBLUMEN – IHRE WICHTIGSTEN EIGENSCHAFTEN

In der Fachtliteratur und in Katalogen bezeichnet man als Sommerblumen die einjährigen und zweijährigen Arten. Die Einjahresblumen keimen im Früjahr und blühen und fruchten noch in demselben Jahr und sterben im Herbst ab. Bei den Zweijahresblumen dagegen ist der Entwicklungskreislauf auf zwei Kalenderjahre verteilt. Sie keimen im Sommer oder Herbst, überwintern als Rosette und blühen und fruchten im folgenden Jahr. Sommerblumen werden fast immer aus Samen herangezogen. Streng genommen sind die Bezeichnungen Sommerblume bzw. Einjahresblume recht vage, denn man zählt zu ihnen auch Pflanzen, die in ihrer Heimat ausdauern, bei uns jedoch alljährlich angebaut werden.

Pflanzen, die man vegetativ vermehrt, und Pflanzen, die im Gewächshaus ausdauern, zählt man – selbst wenn ihre Hauptblüte in den Sommer fällt – nicht zu den Sommerblumen.

Sommerblumen werden bei uns in großer Auswahl kultiviert und angeboten. Ihre Pflege ist mit verhältnismäßig wenig Arbeitsaufwand verbunden. Zahlreiche Arten blühen den ganzen Sommer über, oft bis in den Herbst, sie sind sehr reichblütig und haben meistens lange, straffe Stiele, so daß sie als Schnittblumen begehrt sind. Es gibt Arten und Sorten, die durch ihre schlichte, zarte Form auffallen, und andere, die in Tracht, Farbe und Duft exotisch wirken.

ANZUCHT, PFLANZUNG UND PFLEGE

Die meisten Sommerblumen sind genügsam und anspruchslos. Die Entwicklung der Pflanze hängt von dem Standort, der Bodenbeschaffenheit und den Witterungsverhältnissen ab. Wenn wir bei der Kultur von Sommerblumen Erfolg haben wollen, müssen wir die minimalen Anforderungen der einzelnen Arten kennen.

Man kann an jedem Platz im Garten mit Erfolg Sommerblumen ziehen. Auf windige Plätze setzt man niedrige Arten oder errichtet eine Schutzwand aus Lochziegeln oder aus dicht stehenden Pyramidalkoniferen. Schattige Stellen im Garten bepflanzen wir mit Blumen, die Schatten vertragen. Für Lagen, in denen häufig Spätfröste auftreten, verwendet man weniger empfindliche Arten oder in Töpfen vorkultivierte Pflanzen, die man Ende Mai oder Anfang Juni, wenn keine Fröste mehr drohen, aussetzt.

DER STANDORT

Die meisten Sommerblumen brauchen Sonne; nur einige vertragen auch Halbschatten. An vollschattigen Plätzen wächst von den in diesem Buch behandelten Arten lediglich die Balsamine *(Impatiens walleriana)*. Einige Arten oder Sorten brauchen einen windgeschützten Standort. Das gilt vor allem für Pflanzen, die sich am Boden verzweigen und zur Blütezeit stattliche Büsche bilden. Auch in kälteren Gegenden kann man wärmeliebende Arten heranziehen, wenn man ihnen einen sonnigen Platz gibt, der gegen kalte Luftströmungen geschützt ist. Für empfindliche niedrige Arten läßt sich ein entsprechendes Mikroklima schaffen, indem man sie durch Hecken oder größere Gruppen hoher, schnellwüchsiger Sommerblumen schützt.

DER BODEN, SEINE BEARBEITUNG UND DÜNGUNG

Die meisten Sommerblumen stellen an den Boden keine besonderen Ansprüche. Einige Arten wachsen sogar in ausgesprochen nährstoffarmer Erde. Meistens kommt man dabei mit einer entsprechenden Zusatzdüngung aus. Lediglich schwere, sehr nasse Böden sind für die Anzucht von Sommerblumen ungeeignet. Am besten ist humoser, durchlässiger, sandig-lehmiger Untergrund mit gutem Nährstoffvorrat für Sommerblumen geeignet. Die meisten Arten gedeihen auch auf steinigen Böden, die im allgemeinen warm und durchlässig sind. Leicht verkrustende Böden sind für die Kultur von Sommerblumen weniger gut und für Direktaussaat geradezu ungeeignet. Allerdings können wir die Struktur derartiger Böden mit Torf, Sand oder altem, gut abgelagertem Kompost allmählich verbessern. Nur den Levkojen *(Matthiola)* sagen Herbstdüngungen mit gut verrottetem Stallmist zu. Im allgemeinen leistet Kompost die besten Dienste, aber auch in mit Kompost gedüngte Erde setzt man Sommerblumen am besten erst nach anderen Pflanzen. Mineraldünger verabreicht man je nach Bodenzustand in Mengen von 40 bis 60 g Mischdünger je m^2. Baut man eine und dieselbe oder ähnliche Arten mehrere Jahre nacheinander an demselben Ort an, so wird der Boden stark mit Krankheitserregern verseucht. Man muß daher die Kulturflächen häufig wechseln. Das Umgraben der Beete nimmt man nach Möglichkeit im Herbst vor und läßt die Erde über Winter in grober Scholle liegen, damit sie gut durchfriert und mürbe wird.

FREILANDAUSSAAT AN ORT UND STELLE

Nach der Art der Aussaat teilt man die Sommerblumen in Arten ein, die man direkt an Ort und Stelle säen kann, und solche, die vorkultiviert werden müssen. Einige Arten verlangen geradezu Direktaussaat, weil sie Pfahlwurzeln haben und das Verpflanzen daher überhaupt nicht oder nur sehr schlecht vertragen. Viele Arten kann man durchaus ins Freiland säen; man bevorzugt jedoch die Aussaat in Kästen oder ins Frühbeet, weil die vorkultivierten Pflanzen kräftiger sind, besser wachsen und besser blühen. Die Art und Weise der Aussaat sowie Saatzeit richten sich nach den Ansprüchen der einzelnen Arten an die Bodenwärme, nach der Widerstandsfähigkeit der Jungpflanzen gegen Spätfröste und nach der erwünschten Blütezeit.

Die Hauptzeit für die Direktaussaat von Einjahresblumen ist der Monat April. Bei einigen schnellwüchsigen Arten kann man, um den Flor zu verlängern, Folgessaaten in Abständen von etwa einem Monat vom zeitigen Frühjahr bis zum Beginn des Sommers ausführen.

Einige Einjahresblumen kann man bereits im Herbst säen. Man darf dies allerdings erst unmittelbar vor dem Gefrieren des Bodens tun. Zu früh ausgesäte Einjahresblumen könnten an feuchten, warmen Tagen aufgehen, und die Sämlinge würden im Winter erfrieren. Zur richtigen Zeit vorgenommene Herbstsaaten keimen sehr zeitig im Frühjahr, die Pflanzen sind wüchsiger und blühen reichlicher als die Pflanzen aus Frühjahrsaussaaten.

Vor der Aussaat muß man die oberste Schicht des

Bodens mit einer Hacke, einem Rechen oder einer Bodenfräse bearbeiten und gleichzeitig Mineraldünger einbringen. Für die Aussaat werden die Beete erst vorbereitet, wenn das Land bereits ausreichend abgetrocknet ist. Bei der Bearbeitung zu feuchter Beete wird der Boden zu stark festgetreten und verdichtet, es bilden sich Schollen, die Oberfläche verkrustet, und die weitere Bearbeitung wird sehr erschwert. Auch die Pflanzen entwickeln sich auf solchen Beeten schlechter. Unmittelbar nach der Vorbereitung der Beete soll ausgesät werden, damit den Samen eine größtmögliche Menge Bodenfeuchtigkeit zu gute kommt. Aus diesem Grunde bereitet man die Beete zur Aussaat nicht alle auf einmal vor, sondern allein das vor dem Säen stehende.

Die Samen können in Reihen, horstweise oder breitwürdig ausgesät werden. Der Breitsaat bedient man sich fast nur auf besonderen Saatbeeten oder auf großen Flächen, die man anstelle von Rasen rasch mit schnellwüchsigen Sommerblumen bedecken will. Am geeignetsten sind das horstweise Auslegen der Samen und bei sehr feinen Samen die Reihensaat. Diese beiden Arten der Aussaat erleichtern nämlich die weiteren Pflegearbeiten wesentlich, vor allem auf verunkrauteten Böden, da das Unkraut allgemein schneller keimt und wächst als die angebauten Blumen. Horst- oder reihenweise angebaute Sämlinge erkennt und unterscheidet man beim Jäten auch viel besser von dem aufgehenden Unkraut.

Der Reihenabstand hängt von dem Wuchscharakter der angebauten Art ab, er kann 20 bis 40 cm betragen. Man wählt die Entfernung so, daß die Pflanzen einerseits bald den Boden bedecken, andererseits aber auch genügend Raum zu ihrer Entwicklung haben. In gewissen Fällen schadet jedoch auch ein verhältnismäßig dichter Verband nicht. Die Pflanzen verzweigen sich zwar nur spärlich, dafür blühen aber auf dem Beet eine Menge

Pflanzen, so daß wie bei normalen Abständen ein geschlossener Gesamteindruck entsteht. Auch beim Anbau von Schnittblumen muß dichtere Aussaat nicht immer nachteilig sein; statt der Einzeltriebe schneidet man ganze Pflanzen ab.

Die Tiefe, in der die Samenkörner in den Boden kommen, richtet sich nach ihrer Größe. Eine alte gärtnerische Faustregel besagt, daß die Erdschicht, mit der die Samenkörner bedeckt werden, nur so stark sein soll wie das Samenkorn selbst. Bei der Handaussaat winziger Samenkörner genügt es meist, sehr flache Rillen mit der Kante einer Holzlatte in die Erde zu drücken, oder mit dem Reihenzieher, allenfalls mit dem Rechenstiel zu arbeiten und die in diese Rillen gesäten Samen nur anzudrücken, also nicht mit Erde zu bedecken. Für die Aussaat größerer Samen zieht man die Rillen mit der Hacke; nach dem Säen zieht man dann die Reihen mit dem Rechen oder der Hacke zu und drückt die Erde an, damit im Boden keine Hohlräume bleiben. Auf ähnliche Weise verfährt man auch beim horstweisen Auslegen der Samenkörner.

Die Menge des verwendeten Saatguts richtet sich nach seiner Keimfähigkeit, der Saatzeit und der Beschaffenheit des Bodens. Auf schweren Böden ist die horstweise Aussaat vorteilhafter, weil mehrere gleichzeitig keimende Pflanzen leichter die Bodenoberfläche durchstoßen als nur eine und daher mit einem besseren Auflaufen der Saat zu rechnen ist. Bei zu dichter Saat sind die Jungpflanzen schwach und entwickeln sich nur schlecht. Deshalb pflegt man feine Samen mit Sand oder gesiebter Asche zu mischen. Man soll nach Möglichkeit bei windstillem Wetter säen. Sehr leichte Samen können vom Wind, noch bevor wir sie andrücken, aus der Reihe oder aus dem Horst geweht werden. Einige Samen werden von Vögeln gern gefressen. Um Schäden zu vermeiden, darf man daher Samenkörner bei der Aussaat nicht auf dem Beet oder in dessen Nähe verlieren oder liegen lassen.

Bei leichteren Böden empfiehlt sich das Walzen, schwerere oder feuchte Böden soll man besser nicht zu fest andrücken, denn es könnte sich eine starke Bodenkruste bilden. Wenn das Wetter im Frühjar nicht allzu trocken ist, so soll man die Beete vor dem Aufgehen der Pflanzen möglichst nicht gießen. Hat man jedoch einmal mit dem Gießen begonnen, so muß man bis zum Aufgehen der Saat regelmäßig wässern, da sich auf dem bearbeiteten Beet sonst leicht eine Bodenkruste, unter der die Keimpflanzen ersticken würden, bilden könnte. Beim Säen größerer Samenkörner kann man vor der Aussaat den Boden begießen und den Samen mit der feuchten Erde bedecken.

AUSSAAT INS FRÜHBEET UND IM GEWÄCHSHAUS

Von dem umfangreichen Sortiment an Sommerblumen kann ein bedeutender Teil durch Direktaussaat herangezogen werden, eine viel größere Anzahl von Arten und Sorten muß jedoch ins Frühbeet oder im Gewächshaus in Saatschalen gesät und vorkultiviert werden.

Zur Anzucht guter, gesunder Setzlinge bedarf es keiner kostspieligen Einrichtungen. Auch die Arbeit ist verhältnismäßig einfach: sie besteht in Gießen, Lüften, Beschatten und notfalls in Schutzmaßnahmen gegen Frost. Alle diese Arbeiten müssen jedoch – der Witterung und den Ansprüchen der Art entsprechend – zum richtigen Zeitpunkt ausgeführt werden. Wir können aber das Pflanzgut, das wir für unseren Garten brauchen, auch für wenig Geld in einer Gärtnerei kaufen.

Wenn wir uns entschließen, Setzlinge selbst heranzuziehen, so können wir uns des Angebotes der

Samenversandhäuser bedienen oder das Saatgut in einem Fachgeschäft kaufen. Die alljährlich erscheinenden Kataloge erleichtern uns die Wahl. Heute haben viele Gartenfreunde kleine Gewächshäuser oder Frühbeete, die mit Klarfolie gedeckt werden. Für die frühe Aussaat (Anfang bis Mitte März) hebt man ein Beet von 40 × 50 cm aus und umgibt es mit Brettern entsprechend den Abmessungen der Fenster. Als Unterpackung verwendet man Stalldung oder feuchtes Laub und bringt darauf eine 15 bis 20 cm hohe Schicht fein gesiebter Erde. Auf diese Weise wird die Erde von unten her erwärmt. Für spätere Aussaaten (Ende März) ist keine Unterpackung erforderlich. Es genügt, die gut bearbeitete, feinkrümelige Erde mit einer Bretterwand zu umgeben, auf die man Glas oder Folie legt. Die Folien entsprechen allen Anforderungen, gegen Frost bieten sie allerdings weniger Schutz als das verhältnismäßig starke Glas. Dem kann man jedoch leicht abhelfen, indem man sie bei Frostgefahr mit einer Strohmatte oder alten Säcken bedeckt. Einige wenige Arten, die schon im Januar oder Februar ausgesät werden müssen, kann man in der Wohnung auf dem Fensterbrett in Schalen oder Töpfen säen, und die Jungpflanzen dann im Frühbeet weiterkultivieren. Für späte Aussaaten und für die Aussaaten von Zweijahresblumen genügt ein gut bearbeitetes Saatbeet in warmer, geschützter Lage.

Die Saatzeit richtet sich nach den Ansprüchen der einzelnen Arten. Im Januar und Februar sät man Samen, die erst nach langer Zeit keimen, oder Arten, deren Entwicklung von der Aussaat bis zur Blüte lange dauert. Ins Frühbeet sät man, wie bereits gesagt, in der Regel von Anfang bis Ende März. Arten, die nur eine kurze Wachstumszeit brauchen, aber frostempfindlich sind, werden erst im April ins Frühbeet gesät. Zu zeitig gesätes Pflanzgut wird – vor allem bei warmem, sonnigem Wetter – leicht lang und dünnstengelig, wächst schlecht an und entwickelt sich zu schwächeren und weniger ansehnlichen Pflanzen. Die meisten Arten lassen sich am besten in einem frühen Entwicklungsstadium umsetzen; man nimmt daher die Aussaat im allgemeinen so vor, daß die Setzlinge zur Pflanzzeit bereits kräftig, aber nicht überständig sind. Nur einige wenige Arten kann man zur Blütezeit umsetzen.

Die Kisten, Schalen oder Töpfe, die man zur Aussaat sehr feiner Samen benutzt, müssen vollkommen sauber sein. Bei mehrmaligem Gebrauch empfiehlt man, sie mit Dampf zu sterilisieren. Sie werden etwa bis zur Hälfte mit grobem Sand und grob gesiebter Erde gefüllt, auf die dann durchlässige, fein gesiebte Erde bis etwa 1 bis 2 cm unterhalb des Gefäßrandes kommt. Am besten sind Erdmischungen geeignet, aber auch reine Lauberde, Torf, ein Gemenge von Lehm und Torfmull oder reinem Flußsand zu gleichen Teilen kommen in Betracht. Der Gartenfreund muß sich meist mit abgelagertem, gut verrottetem Kompost, gemischt mit Sand, begnügen. Wichtig ist, daß nur unkraurfreies und nicht von Krankheiten verseuchtes Erdreich verwendet wird. Am besten dämpft man das Erdreich vor der Aussaat. Kleine Erdmengen werden einfach in einem Sack in einen Dampfkessel gehängt oder im Garten in einem großen Gefäß über offenem Feuer gedämpft. In den Saatkisten und -töpfen drückt man die Erde leicht und gleichmäßig an, damit sich vor allem an den Ecken und Rändern keine Hohlräume bilden, die zu starken Wasserverlusten des Bodens und zum Eingehen der Jungpflanzen führen könnten. Die Oberfläche wird glattgestrichen. Sehr feine Samen werden nicht bedeckt, sondern lediglich mit einem Brettchen angedrückt. Größere Samen werden mit etwas reinem Flußsand dünn überzogen. Unter dem Flußsand bleibt die Erde angemessen feucht, während die Oberfläche nach dem Gießen schnell abtrocknet.

Die weitaus meisten Sommerblumen kann man jedoch

ins Frühbeet aussäen und vorkultivieren. Das Beet, auf das gesät wird, muß waagerecht sein. Ausgesät wird breitwürfig oder in Reihen. Durch öfteres leichtes Überbrausen muß man dafür sorgen, daß die Erde gleichmäßig feucht bleibt; bevor die Samen aufgehen, schützt man deshalb die Saat bei sonnigem Wetter durch Schattendecken vor dem Austrocknen. Die Keimpflanzen sind gegen allzu große Trockenheit sehr empfindlich. Nach dem Aufgehen der Pflanzen wird weniger beschattet, aber häufiger gelüftet, die Wassergaben richten sich nach dem Wetter.

Feinsamige Arten werden meistens viel zu dicht gesät, die Jungpflanzen müssen daher rechtzeitig ausgedünnt oder pikiert werden. Die aufgegangenen Jungpflanzen einiger Arten sind überaus klein; man pikiert sie deshalb zweimal: zunächst büschelweise und später einzeln. Es gibt jedoch sehr viele Sommerblumen, bei denen sich das Pikieren der Jungpflanzen erübrigt, wenn man weitläufig, am besten reihenweise sät und im Bedarfsfall dichter gesäte Stellen rechtzeitig auslichtet. Die Bodenoberfläche zwischen den Reihen muß man locker und unkrautfrei halten.

Pikierte Setzlinge sind wüchsiger, haben einen kräftigeren Wurzelballen (d. h. das Wurzelwerk mit dem daran haftenden Erdreich), wachsen nach dem Auspflanzen leichter an und entwickeln sich besser. Beim Pikieren kommen die Wurzeln, die um etwa ein Drittel zurückgeschnitten werden, senkrecht in die Erde. In den letzen Jahren hat sich die Vorkultur von Sommerblumen in Torf- und Kunststofftöpfen verbreitet. Die Pflanzen durchwurzeln diese Töpfe, bilden gute Wurzelballen, werden nicht ausgetopft und können nach dem Einpflanzen zügig weiterwachsen, sie haben also keine Wachstumsstörung zu überwinden, verzweigen sich gut und blühen früher. Die Sämlinge werden mit diesen Ballen oder mit Erde gefüllten Töpfen pikiert, und zwar werden sie bis zu den Keimblättern in die Erde gesezt, worauf das Erdreich mit dem Pikierholz fest an die Wurzeln angedrückt wird. Zusammenstellen unter ein Fenster des Treibhauses kann man nur solche Arten, die ähnliche Ansprüche an Wärme und Pflege stellen.

Nach dem Pikieren der Jungpflanzen wird gewässert, damit die Erde an den Würzelchen haftet; bei heißem Wetter muß man einige Tage für leichten Schatten und für angemessene Bodenfeuchtigkeit sorgen. Sobald die Pflanzen zu wachsen beginnen, unterbleibt das Schattengeben, es wird mehr gelüftet und weniger oft, dafür aber ausgiebiger gewässert. Nach einiger Zeit hebt man bei schönem Wetter die Fenster ganz ab; später sollen sie auch nachts wegbleiben. Ins Freie werden nur abgehärtete Setzlinge, also solche ausgepflanzt, die mindestens einige Tage und Nächte im Frühbeet ohne Fenster gestanden haben. Besteht Gefahr, daß die Setzlinge auswachsen, so wird rechtzeitig und angemessen entspitzt. Einige Arten wie Leberbalsam *(Ageratum)* und Salbei *(Salvia)* sollen bald nach dem Pikieren entspitzt werden.

Für die Beete wird nur gesundes, abgehärtetes und gut bewurzeltes Pflanzengut verwendet. Besonders bei nichtpikierten Pflanzen muß man bei der Entnahme aus dem Frühbeet darauf achten, daß an den Setzlingen möglichst viele Wurzelfasern bleiben. Am Abend vor dem Auspflanzen werden die Bestände ausgiebig gegossen.

DAS AUSPFLANZEN

Am besten wird an trüben Tagen gegen Abend ausgepflanzt. In Troftöpfen oder –ballen stehende Setzlinge lassen sich auch unter weniger günstigen Bedingungen, ja selbst bei trockenheißem Wetter pflanzen. Der Boden soll ebenso sorgfältig vorbereitet sein wie zum Säen. Bei dem Vorbereiten des Bodens bringt man auch Dünger ein. Die Pflanzabstände bezeichnet man auf dem Beet mit Reihenzieher oder mit Pflanzholz und Schnur. Auf kleineren Flächen oder beim Setzen kleiner Gruppen verschiedener Arten lassen sich die Entfernungen von Pflanze zu Pflanze oder zumindest die Begrenzung der Fläche für die anzupflanzende Gruppe mit Rechenstiel und Pflanzholz markieren. Die Entfernung richtet sich nach der Wuchsstärke und dem Zweck der Pflanzung. Pflanzen, die als Solitäre ins Auge fallen sollen oder die vor dem Aufblühen aus dem Beet herausgenommen und in Töpfe umgesetzt werden, setzt man in größerem Abstand, damit sich die Einzelpflanze gut entfalten kann. Für Rabatten und bunte Blumenbeete oder Plätze, die man möglichst schnell begrünen will, wählt man einen dichteren Verband. Von Pflanzen starkwüchsiger Sorten der Sommerastern, Zinnien und einiger anderer Arten können bei engem Stand (10 bis 15 cm) durch das Abbrechen der Seitenknospen sehr große, für den Schnitt besonders geeignete Blumen gewonnen werden. Bei der Wahl des Pflanzabstands muß man auch die örtliche Lage und die Bodenbeschaffenheit berücksichtigen. In weniger nährstoffreichen Böden und in höheren, kühleren Lagen zeigen die Pflanzen bedeutend schwächeren Wuchs als in guter, nährstoffreicher Erde und in niedrigeren Lagen an warmen, windgeschützten Standorten.

Zum Aussetzen mit Wurzelballen bedient man sich der Hacke oder einer kleinen Pflanzschaufel. Alle anderen Setzlinge, sowohl die während der Vorkultur pikierten als auch die nichtpikierten, pflanzt man mit dem Setzholz; dabei muß man darauf achten, daß die kleinen Wurzeln nicht beschädigt werden, daß die Wurzelspitzen nach unten gerichtet sind und daß sich die Erde fest und lückenlos an die Wurzeln anschmiegt. Der Setzling soll so fest angedrückt sein, daß, wenn man versucht, ihn an einem Blatt aus dem Boden zu ziehen, eher das Blatt abreißt. Nach dem Auspflanzen wird ausgiebig gewässert; sobald die Setzlinge jedoch zu wachsen beginnen, wird, von einigen Ausnahmen abgesehen, den ganzen Sommer spärlicher gegossen.

Wichtig ist es, sich mit der Pflanzzeit jeder Art genau vertraut zu machen. Es gibt viele Arten, die sehr frostempfindlich sind. Man kann sie erst auspflanzen, wenn die Spätfröste vorbei sind, also etwa Ende Mai und in manchen Gegenden erst Angang Juni. Für derart frostempfindliche Arten ist die Vorkultur in Torftöpfen oder -ballen besonders geeignet. Es gibt aber auch Arten, denen das Auspflanzen bei feuchter Aprilwitterung recht gut bekommt und denen schwache Spätfröste eher zuträglich sind.

Zweijahresblumen werden so ausgepflanzt, daß sie genügend Zeit haben, um bis zum Eintritt des Winters gut anzuwurzeln. Schwache, schlecht angewurzelte ebenso wie zu stark entwickelte Pflanzen überwintern weniger gut. Beim Aussetzen von Zweijahresblumen herrscht oftmals bereits sehr schlechtes Wetter; man muß daher besonders sorgfältig pflanzen und bevor sie zu wachsen beginnen, müssen wir sie gründlich begießen. Einige, bei uns als Zweijahresblumen gezogene Arten erhalten häufig im Herbst ein provisorisches Beet und kommen erst im Frühjahr an ihren endgültigen Standort. In solchen Fällen setzt man verhältnismäßig dicht. Denn kleine Flächen lassen sich besser gegen starken Frost sowie vor Kaninchen und Hasen schützen.

PFLEGEARBEITEN

Bei Freilandaussaat an Ort und Stelle muß beizeiten, d. h. sobald die Sämlinge so groß sind, daß man sie gut fassen kann, ausgedünnt werden. Sehr dicht gesäte Stellen lichtet man am besten zweimal aus. Beim ersten Ausdünnen läßt man mehrere Keimlinge stehen und erst beim zweiten, wenn man sicher ist, daß die stehengebliebenen sich gut entwickeln, rupft man alle überzähligen aus. An einer Stelle beläßt man nur eine, höchstens zwei Pflanzen. An Stellen, an denen die Sämlinge sehr dicht standen, häufelt man die verbleibenden mit etwas Erde an. Bei Sonnenschein und heißem Wetter könnte nämlich der weiße Hals der Keimlinge leicht verbrennen, und die Pflanzen würden eingehen. Die verzogenen Sämlinge einiger Arten lassen sich bei regnerischem oder trübem Wetter an anderer Stelle auspflanzen.

Die laufende Pflege der Sommerblumen ist im großen und ganzen einfach. Gewässert wird nach Bedarf – am besten frühmorgens oder am Abend, lieber weniger oft, dafür aber ausgiebig. Einige Sommerblumen verbrennen, wenn sie bei starkem Sonnenschein begossen werden. Die Bestände sind unkrautfrei zu halten und nach Bedarf zusätzlich zu düngen. Sollte der Boden nach dem Regen oder Gießen verkrusten, so müssen die Beete gehackt werden. Manche Arten sind gegen Bodenverkrustung besonders empfindlich. Den Flor vieler Sommerblumen kann man wesentlich verlängern, wenn man die abgeblühten Blumen regelmäßig ausschneidet oder ausbricht und so den Fruchtansatz verhindert. Andere Arten werden nach der ersten Blüte um etwa ein Drittel zurückgeschnitten, damit sie noch einmal durchtreiben und erneut blühen. Nach dem Rückschnitt muß man ausgiebig gießen und zusätzlich düngen. Bei so behandelten Lobularien, Nemesien und *Coreopsis* kann man mit einem reichlichen Nachflor rechnen. – Es gibt auch Arten, die nicht auf Beete gesetzt werden dürfen, zu denen Hasen oder Kaninchen Zugang haben. Nicht nur während des Winters, sondern auch im Sommer werden Nelken, Lobelien, Verbenen, Gazanien, Sammetblumen und Kochien gleich nach dem Auspflanzen durch eine geeignete Umzäunung geschützt.

Die Stützen für Kletterpflanzen bereitet man noch vor der Aussaat oder dem Auspflanzen vor. Die meisten Kletterpflanzen brauchen nicht hochgebunden zu werden. Es genügt, wenn man die Jungpflanzen, sobald sie zu wachsen beginnen, einmal anbindet oder anhäufelt.

Die meisten Zweijahresblumen benötigen einen leichten Winterschutz. Man bedeckt sie am besten mit einer Lage Fichtenreisig, die man jedoch schon zeitig im Frühjahr abnehmen muß.

DIE VERWENDUNG VON SOMMERBLUMEN

Bei der Wahl der Arten und Sorten muß man von den Standortbedingungen und dem Zweck ausgehen, der mit der Sommerblumenverwendung erreicht werden soll. Hohe Arten eignen sich für lebende Zäune, zum Abgrenzen des Nutzgartens vom Ziergarten sowie zum Bekleiden von Mauern und Einfriedungen; sie wachsen schnell und bilden innerhalb kurzer Zeit eine hübsche Kulisse. Für diese Zwecke kann man vorteilhalft Stockmalven (*Althaea*), Fuchsschwänze (*Amaranthus*), Spinnenpflanzen (*Cleome*), Schmuckkörbchen (*Cosmos*), Sonnenblumen *(Helianthus)*, Sommerzypressen (*Kochia*), Malopen (*Malope*), Tabak (*Nicotiana*), Wunderbäume (*Ricinus*) und Tithonien (*Tithonia*) verwenden.

Zur schnellen Bekleidung von Lauben, Pergolen, höheren Mauern und Zäunen verwendet man Prunkwinden (*Ipomoea*) und Feuerbohnen (*Phaseolus coccineus*), die sehr rasch wachsen und ununterbrochen bis in den Spätherbst blühen.

Noch immer werden die Sommerblumen als ein besonderer Schmuck zur sommerlichen Bepflanzung von Steingärten und Trockenmauern stark unterschätzt. Es gibt eine ganze Reihe von Sommerblumen, die sich in ihrem Wuchscharakter von den anderen Pflanzen des Steingartens kaum unterscheiden und mit ihrem schier grenzenlosen Farbenspiel seine Attraktivität in den Sommermonaten wesentlich erhöhen. Oft verwendet man sie vorteilhaft zum Nachpflanzen an Stellen, die durch das Abblühen der Zwiebelgewächse frei geworden sind. Ganz vorzüglich eignen sich für den Steingarten verschiedene Arten und Sorten der Gattungen *Dimorphotheca, Dorotheanthus, Gazania, Linaria, Lobularia, Mimulus, Nemesia, Phacelia, Portulaca, Sanvitalia* und *Silene* sowie *Limonium suworowii* und *Phlox drummondii.* An trockenen Standorten zwischen Stein- und Zementplatten sowie auf Trockenmauern gedeihen *Dorotheanthus, Linaria, Lobularia, Portulaca, Sanvitalia* und *Silene* sehr gut.

Sehr gern verwendet man Sommerblumen in Staudenpflanzungen, um diese vor allem in den ersten Jahren nach ihrer Anlage bunter zu gestalten. Lobelien

Abb. 1. Buntes Beet, bepflanzt mit niedrigen Sommerblumen.

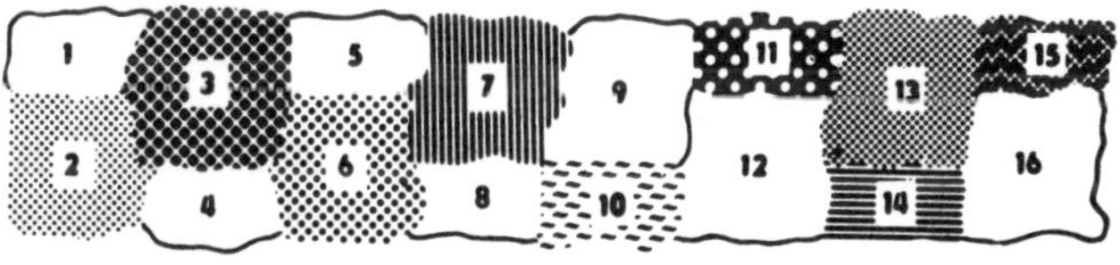

1. *Tagetes patula* – braun, einfach; 2. *Mimulus luteus* – gemischt, gelbrot; 3. *Verbena rigida* – violett; 4. *Sanvitalia procumbens* – gelb; 5. *Verbena*-Hybriden – weiß; 6. *Verbena*-Hybriden – Grundfarbe rot, geäugelt; 7. *Lonas annua* – gelb; 8. *Lobelia erinus* – blau; 9. *Salvia splendens* – scharlachrot; 10. *Tagetes patula* – gelb, gefüllt; 11. *Phlox drummondii* – creme; 12. *Gazania*-Hybriden – gemischt; 13. *Lobularia maritima* – violett; 14. *Tagetes patula* – orange, gefüllt; 15. *Verbena*-Hybriden – rosa; 16. *Verbena*-Hybriden – blau, geäugelt.

Abb. 2. Einfaches Beet entlang eines Weges, bepflanzt mit niedrigen, buschig wachsenden Sommerblumen, in die Gruppen von je 5 bis 10 Pflanzen einer höheren Art eingestreut sind.

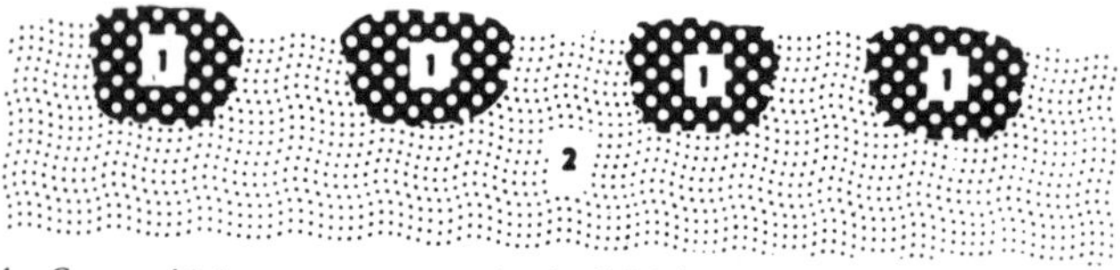

1. *Cosmos bipinnatus* – rosa
2. *Phlox drummondii* – weiß

oder 1. *Salpiglossis sinuata* – gemischt
2. *Lobularia maritima* – weiß

oder 1. *Salvia farinacea* – blau
2. *Petunia*-Hybriden – rosa

als Untersaat z. B. bringen Schönheit, Farbe und Leben in das eintönige Grün von Rosen- und Gladiolenbeeten, bevor diese in Blüte stehen.

Geradezu unentbehrlich sind Sommerblumen als Balkon- und Fensterschmuck sowie zur Bepflanzung von keramischen Gefäßen auf Terrassen, Säulen, Treppenabsätzen u. ä. Die Erde in Gefäßen und Kästen darf nicht austrocknen, soll nährstoffreich und nicht zu fein gesiebt sein. Der Boden des Kastens muß Abzuglöcher haben, auf welche man groben Sand oder Scherben legt, damit sie nicht verstopfen und das überflüssige Wasser gut abfließen kann. In größere Gefäße kann man als Terrassenschmuck oder zu ähnlichen Zwecken auch höhere Arten wie Fuchsschwanz (*Amaranthus*), Sommerzypresse (*Kochia*) oder den Wunderbaum (*Ricinus*) setzen. Außer den üblichen Petunien und Begonien eignen sich als Balkonschmuck auch verschiedene Sorten der Gattungen *Iberis, Impatiens, Dorotheanthus, Nemesia, Mimulus, Portulaca* und *Verbena.* Auf Balkon und Terrasse sind auch einige Kletterpflanzen und kriechende Arten wie Prunkwinde (*Ipomoea*), Edelwicke (*Lathyrus*), Feuerbohne (*Phaseolus coccineus*) und Kapuzinerkresse (*Tropaeolum*) sehr wirkungsvoll. Auf größeren Balkonen und Terrassen und in entsprechend größeren Gefäßen kann man auch kleinfrüchtige Zierkürbisse (*Cucurbita*) wachsen lassen. Die für Kletterpflanzen erforderlichen Stützen müssen rechtzeitig, d. h. bevor die Pflanzen zu klettern beginnen, errichtet werden.

Ihre größte und reichste Verwendung finden Sommerblumen bei der Bepflanzung von Rabatten, also Blumenbeeten entlang von Wegen oder Gebäuden, unterhalb von Fenstern im Rasen. Die Auswahl und Anordnung wird von der Art des Standortes und von der Entfernung und Lage zwischen dem Betrachter und dem Beet abhängen. Breite Beete werden meist von beiden Seiten betrachtet, man bepflanzt sie daher entweder mit gleich hohen Pflanzen oder setzt in die Mitte höhere und an die Ränder niedrigere. Schmale Rabatten an Wegen, von denen her man die Pflanzen aus der Nähe besehen kann, werden meist mit einem bunten Gemisch verschiedener Arten und Sorten bepflanzt. (Abb. 1). Auf

Abb. 3. An einer Wegbiegung im Rasen angelegtes Beet.

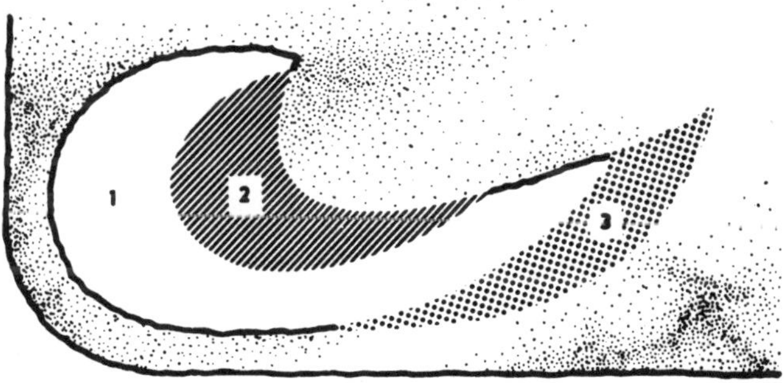

Herbstpflanzung (Blütezeit im Frühjahr): 1. *Viola wittrockiana*-Hybriden – gelb, geäugelt; 2. *Myosotis alpestris* – blaue und gelbe Gartentulpen; 3. *Bellis perennis* – rosa.
Frühjahrespflanzung (Blütezeit in der zweiten Sommerhälfte): 1. *Sanvitalia procumbens* – gelb; 2. *Salvia farinacea* – blau; 3. *Lobularia maritima* – rosa oder 1. *Salvia splendens* – scharlachrot; 2. *Rudbeckia hirta* – gelb; 3. *Ageratum houstonianum* – blau.

Abb. 4. Mit kurzblühenden, an Ort und Stelle gesäten Sommerblumen bepflanztes Beet.

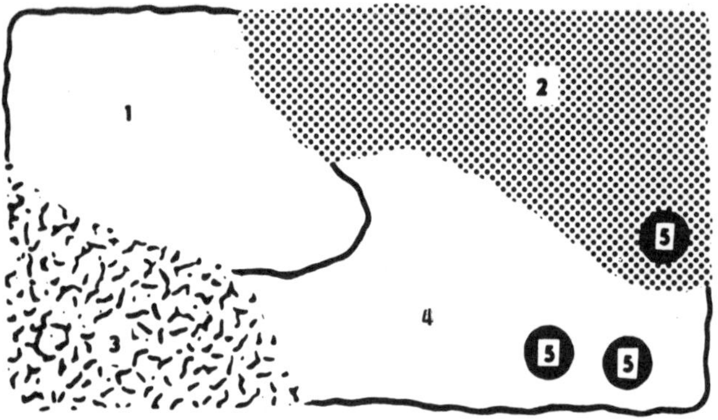

1. *Delphinium consolida* – hellviolett; 2. *Clarkia elegans* – weiß; 3. *Godetia*-Sorten – rot; 4. *Crepis rubra* – rosa; 5. *Kochia scoparia* „Trichophylla" – Einzelpflanzen.
Mitte August werden folgende, im nächsten Frühjahr blühende Zweijahresblumen angepflanzt: 1. *Campanula medium* – weiß; 2. *Dianthus barbatus* – rot; 3. *Bellis perennis* – rosa, 4. *Viola wittrockiana*-Hybriden, *Hiemalis*-Sorten – blau.

Flächen, die sich weiter entfernt von den Gartenwegen befinden, pflanzt man in größeren Mengen nur Arten oder Sorten, die mit ihren großen Blumen und leuchtenden Blütenfarben die Aufmerksamkeit auf sich lenken. In der Nähe von Wegen, im Rasen oder entlang von Mauern und Gebäuden erreicht man auf größeren Beeten eine sehr schöne Wirkung mit niedrigen, buschigen Arten, in die man in regelmäßigen Abständen Gruppen von 5 bis 10 Pflanzen hohen Wuchses einstreut (Abb. 2). Kleinere Flächen kann man im Laufe des Jahres mehrere Male bepflanzen; das gilt vor allem für betonte Stellen, etwa für Beete an Wegbiegungen. Hier pflanzt man im Herbst Blumen, die im zeitigen Frühjahr blühen. An ihre Stelle setzt man Anfang Juni vorkultivierte Einjahresblumen, die in der zweiten

Abb. 5. Mit langblühenden, an Ort und Stelle gesäten Sommerblumen bepflanztes Beet.

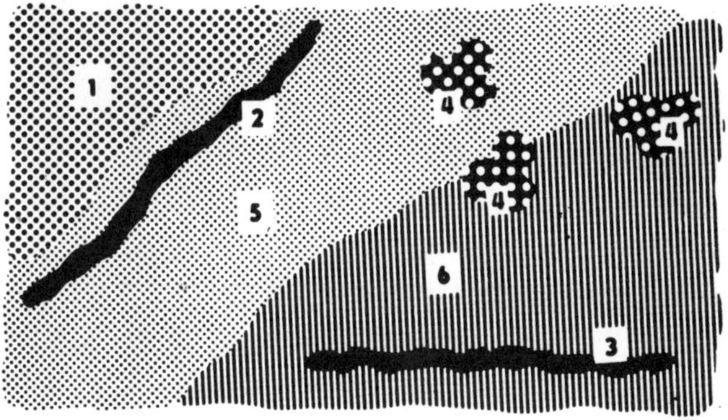

1. *Eschscholzia californica* – gelb; 2. *Papaver somniferum* – rosa (die Reihe ist dem Umriß der Gruppenpflanzung angepaßt; nach dem Abblühen reißt man die Pflanzen aus); 3. *Iberis umbellata* – weiß (eine Reihe; nach dem Abblühen werden die Pflanzen ausgerissen); 4. *Linum grandiflorum* oder *Malope trifida* – rot (in Gruppen zu 3 bis 5 Exemplaren); 5. *Lobularia maritima* – weiß; 6. *Lobularia maritima* – violett (die Lobularien dienen auch zum Füllen der durch das Ausreißen [von 2. und 3.] entstehenden Lücken).

Sommerhälfte blühen (Abb. 3). Eine ähnliche Bepflanzung zeigt auch die Abb. 4: Hier wurde im Frühjahr an Ort und Stelle gesät. Nach dem Abblühen dieser Einjahresblumen, etwa Mitte August, werden Zweijahresblumen angepflanzt, die im folgenden Frühjahr blühen. Man kann zum Beispiel abwechselnd eine Reihe schnellwüchsiger Frühblüher wie *Limonium suworowii, Iberis umbellata, Matthiola annua,* verschiedene Arten der Gattungen *Clarkia, Crepis, Nemesia, Papaver, Phacelia* und *Schiranthus,* und eine Reihe langsamwüchsiger Spätblüher pflanzen wie *Dianthus chinensis, Tagetes erecta, Verbena*-Hybriden und verschiedene Arten von *Callistephus, Gaillardia, Mirabilis, Rudbeckia* und *Scabiosa.* Dabei muß man nicht immer

Abb. 6. Mit Dauerblühern bepflanztes Sommerblumenbeet.

1. *Salvia coccinea* – rot; 2. *Ageratum houstonianum* „Blauer Schnitt" – 50 cm hoch, hellblau; 3. *Gazania*-Hybriden – gemischt; 4. *Lonas annua* – gelb; 5. *Salvia splendens* – scharlachrot; 6. *Verbena rigida* – violett; 7. *Lagurus ovatus* – silbrig-wollig; 8. *Verbena*-Hybriden – violett mit Auge; 9. *Verbena*-Hybriden – rosa; 10. *Verbena bonariensis* – hellviolett; 11. *Xanthisma texanum* – gelb; 12. *Verbena hybrida* – rot; 13. *Tamarix pentandra;* 14. *Juniperus virginiana* „Tripartita".

ganze Reihen setzen und abwechseln; man kann auch zwischen die später blühenden Arten stellenweise einige Exemplare früher blühender Pflanzen setzen oder einsprengen (Abb. 5). Die Abb. 6 veranschaulicht ein verhältnismäßig buntes Blumenbeet, das mit vorkultivierten, Ende Mai ausgeplantzten Sommerblumen besetzt ist. Mehrere hohe Arten kann man sehr gut zur Grenzbepflanzung des Geländes, oder, wenn man sie als Solitäre oder in kleinen Gruppen an den Rand der Rasenfläche, vor Gebäude oder vor höhere Sträucher setzt, als Blickfang verwenden. Einige, wie Sommerzypresse *(Kochia)* und Wunderbaum *(Ricinus),* verwendet man wegen ihrer schön geformten und gefärbten Blätter oder ihres hohen Wuchses; andere wiederum, wie Fuchsschwanz (*Amaranthus*), *Cleome,* Schmuckkörbchen (*Cosmos*), Sonnenblume (*Helianthus*), Tabak (*Nicotiana*), Tithonie, *Salvia farinacea* und *Verbena bonariensis* wirken durch ihre dekorative Belaubung, auffallende Färbung und zum Teil auch durch den Duft ihrer Blüten. Zwei weitere Abbildungen können als

Beispiele für die verschiedenartigen Möglichkeiten der Verwendung von Sommerblumen dienen. Abb. 7 veranschaulicht die Benutzung von Sommerblumen unter besonderer Berücksichtigung des Standortes, wobei sich der Flor über den ganzen Sommer erstrecken soll; die verwendeten Arten blühen ohne Unterbrechung nacheinander. Eine ähnliche Art der Bepflanzung zeigt

Abb. 7. Bepflanzung der unmittelbaren Umgebung eines Wohnhauses.

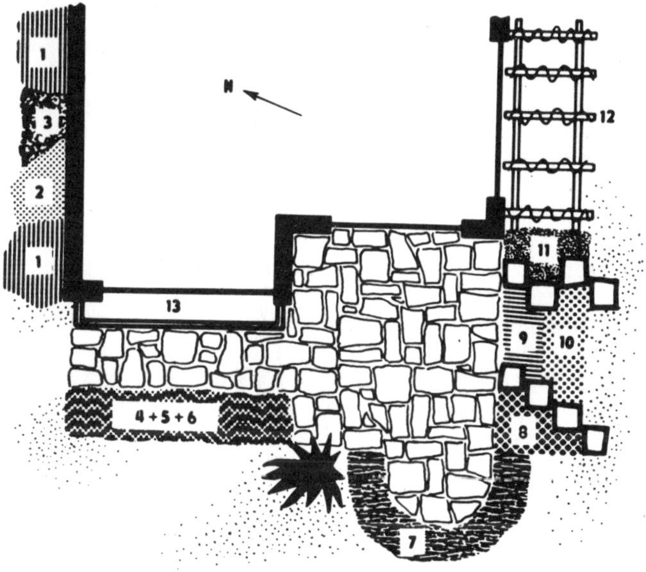

1. *Impatiens walleriana* – rosa; 2. *Impatiens walleriana* – rot; 3. *Lobelia erinus* – blau; 4. *Lagurus ovatus* – silbrig-wollig; 5. *Nicotiana* × *sanderae* – rot, wohlriechend; 6. *Salvia farinacea* – hellblau, wohlriechend (die drei letztgenannten Arten werden im Gemisch angebaut, wobei *Lagurus* überwiegt); 7. *Tropaeolum majus* – scharlachrot; 8. *Sanvitalia procumbens* – gelb; 9. *Lobularia maritima* – weiß; 10. *Portulaca grandiflora* – gemischt; 11. *Dorotheanthus bellidiformis* – gemischt; 12. *Ipomoea purpurea* – rot, an der Pergola emporkletternd; 13. *Petunia*-Hybriden – hellrosa (in einem Kasten).

Abb. 8. Bepflanzungsplan eines Vorgartens unmittelbar vor den Fenstern eines Dorfhauses.

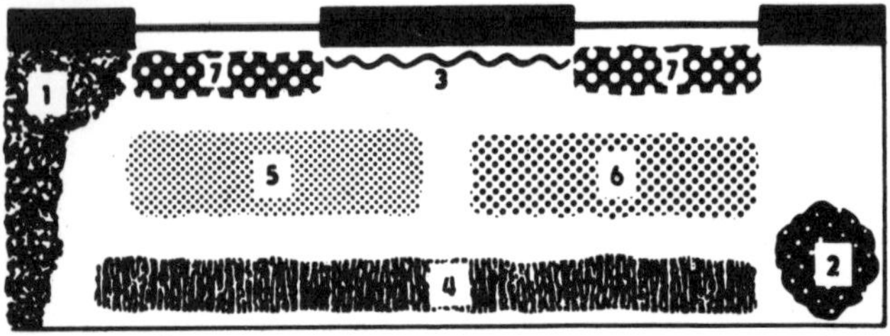

1. *Althaea rosea* (jetzt *Alcea rosea*) – gemischt; 2. *Helianthus annuus* – gelb (1 bis 3 Pflanzen); 3. *Lathyrus odoratus* – hellblau, an einer Stütze kletternd; 4. *Tropaeolum majus* – gelb; 5. *Callistephus chinensis*, Prinzeß-Astern – gemischt; 6. *Antirrhinum majus* – hohe Formen, gemischt; *Reseda odorata* – wohlriechend.

auch die Abb. 8. Hier handelt es sich um einen kleinen ländlichen Vorgarten. Die einzelnen Arten blühen nacheinander, außerdem rechnet man mit einer geringeren Anzahl von Schnittblumen.

Viele Sommerblumen kann man zum Blumenschnitt verwenden. Die Abb. 9 zeigt ein Beet, auf dem Sommerblumen angebaut sind, die den ganzen Sommer über Schnittblumen liefern. Bei den meisten Arten empfiehlt es sich, gleich die ersten sich öffnenden Blumen zu schneiden, damit sich auch die späteren gut entwickeln können.

Die Haltbarkeit geschnittener Blumen ist je nach Art sehr unterschiedlich. Man kann sie jedoch durch die Wahl des günstigsten Schnittzeitpunktes und durch richtige Behandlung der geschnittenen Blumen wesentlich verlängern. Die beste Zeit für das Schneiden sind die frühen Morgenstunden und Abendstunden. Flockenblumen (*Centaurea*), Nelken (*Dianthus*), Schlafmohn (*Papaver somniferum*), Edelwicken (*Lathyrus*) und Skabiosen werden, wenn sie sich zu öffnen beginnen, oder schon als Knospen geschnitten; Gartenlevkojen (*Matthiola*) schneidet man, wenn etwa ein Drittel des

Abb. 9. Mit Schnittblumen bepflanztes Sommerblumenbeet.

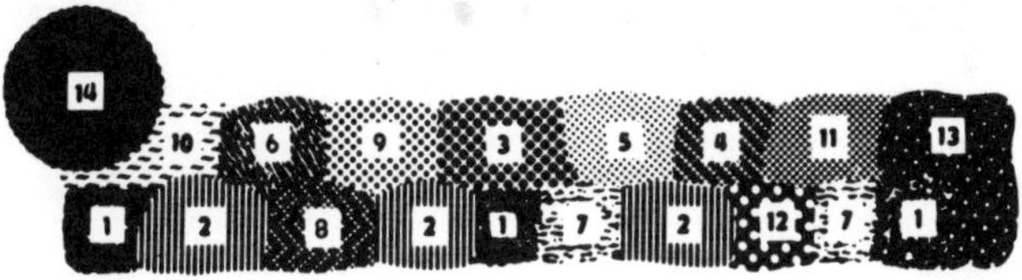

1. *Dianthus chinensis* – weiß; 2. *Rudbeckia hirta* – gelb; 3. *Scabiosa atropurpurea* – hellblau; 4. *Scabiosa atropurpurea* – dunkelpurpurn; 5. *Antirrhinum majus* – hohe Sorte, rosa; 6. *Antirrhinum majus* – hohe Sorte, weiß; 7. *Gaillardia pulchella* – zweifarbig (rot und gelb); 8. *Gaillardia pulchella* – rotbraun; 9. *Callistephus chinensis* – pyramidenförmig, rosarot; 10. *Callistephus chinensis* – pyramidenförmig, hellblau; 11. *Zinnia elegans* – gelb; 12. *Lagurus ovatus* – silbrig-wollig; 13. *Tithonia rotundifolia* – orangefarben; 14. *Pyracantha coccinea* – orange Zierfrüchte im Herbst.

Blütenstandes geöffnet ist. Die Knospen dieser Blumen öffnen sich nacheinander in der Vase, während geöffnete und bereits bestäubte Blüten nur noch kurze Zeit halten. Andere Blumen wiederum wie das Schmuckkörbchen (*Cosmos*), das Schöngesicht (*Coreopsis*), Sonnenblumen (*Helianthus*), Rudbeckien, Venidien, Zinnien und andere Korbblütler, aber auch Flammenblumen (*Phlox drummondii*) schneidet man erst, wenn sie voll erblüht sind. Vorzeitig geschnittene Bärenohrblumen (*Arctotis*) öffnen sich in der Vase nicht. Auch bei Regenwetter geschnittene Blumen sind weniger haltbar; das gilt vor allem für zart gebaute Blumen. Von dem Stielteil, der ins Wasser kommt, entfernen wir die Blätter, da sie im Wasser schnell faulen würden. Das Wasser soll täglich erneuert werden. Um die Wasseraufnahme zu begünstigen, schneidet man den Stiel bei jedem Erneuern des Wassers mit einem scharfen Messer schräg nach. Die Haltbarkeit von Schnittblumen kann man auch durch Zusatz chemischer Mittel, die im Handel erhältlich sind, verlängern.

In neuester Zeit wird häufig nach Sommerblumen

gefragt, die nach dem Schnitt getrocknet werden können und beim Trocknen ihre ursprüngliche Form und Farbe nicht verlieren. Sträuße oder Kränze aus derartigen Trockenblumen werden gern vor allem im Winter, aber auch zusammen mit getrockneten Ziergräsern und grünen Nadelgehölzzweigen verwendet. Außer den bekanntesten, in der Kranzbinderei benutzten Arten *Helichrysum bracteatum, Limonium bonduellii* und *Limonium sinuatum* sind auch *Helipterum roseum, Limonium suworowii, Xeranthemum annuum* und *Lonas annua* beliebte Dauerblumen für den Zimmerschmuck. Zum Trocknen schneidet man die Köpfchen, sobald sie aufgeblüht sind; aus Köpfchen, die unmittelbar vor dem Abblühen stehen, fallen die Scheibenblüten leicht heraus oder werden schwarz. Die geschnittenen Stiele faßt man zu kleineren Bündeln zusammen und hängt sie zum Trocknen mit den Blumenköpfchen nach unten in einem schattigen, luftigen Raum auf. Die Blumen behalten ihre natürliche Farbe länger, wenn man sie nach dem Trocknen schwefelt. Zu diesem Zweck kommen die Blumenbündel in einen dicht schließenden Kasten, auf dessen Boden man in einer Blechschale sogenannte Schwefelstücke anzündet. Der Kasten bleibt dann 24 Stunden lang geschlossen. Papierblumen (*Xeranthemum annuum*) erhalten eine lebhaftere Farbe, wenn man sie vor dem Trocknen einige Augenblicke lang in eine 0,1 %ige Lösung von Salz- oder Salpetersäure taucht.

BILDTEIL

DIE LATEINISCHEN NAMEN
DER ABGEBILDETEN ARTEN
SIND ALPHABETISCH GEORDNET.

Leberbalsam

Korbblütengewächse

Ageratum L.

Compositae

10–60 cm VI–X

Die ursprüngliche Art *Ageratum houstonianum* MILL. (syn. *A. mexicanum* SIMS) ist in ihrer Heimat, in Mexiko, eine mehrjährige, halbstrauchige, bis 60 cm hohe Pflanze. Die Blätter sind herz- bis eiförmig, kerbig gezähnt, schütter behaart und sattgrün. Die weißen, rosaroten, meist jedoch blauen Röhrenblüten stehen in kleinen oder größeren, zu dichten Doldentrauben angeordneten Körbchen, die die Pflanze über und über bedecken, so daß man die Blätter oft gar nicht bemerkt und der Eindruck einer geschlossenen Farbdecke entsteht. Nur einige Sorten, wie die alten ‚Schnittwunder' und ‚Blauer Schnitt', erreichen eine Höhe von 40 bis 60 cm und eignen sich zur Schnittblumengewinnung; die meisten Sorten, wie z.B. ‚Blaue Kugel' und ‚Tetra Blaues Meer', werden nur 10 bis 20 cm hoch. Alle Sorten blühen reichlich, besonders reich die in den letzten Jahren gezüchteten Hybriden ‚Blue Blazer', ‚Blue Heaven' und ‚Nordmeer'.

Am besten gedeihen die Pflanzen in durchlässigem Boden an warmen, sonnigen Standorten.

Ausgesät wird im Februar in Kästen oder ins Frühbeet. Die Sämlinge werden, sobald dies möglich ist, pikiert und später ein- oder zweimal entspitzt. In der zweiten Maihälfte werden sie auf Freilandbeete in 15 bis 25 cm Abstand gepflanzt. Bald darauf setzt die Blüte ein; sie hält bis in den Spätherbst an.

Die höheren Sorten werden für Rabatten und als Schnittblumen verwendet, die niedrigen pflanzt man vornehmlich auf Gräber, auf Schmuckbeete und als Einfassung; sie sind auch für Töpfe und Balkonkästen gut geeignet.

Ageratum houstonianum MILL.

Straußgras

Süßgräser

Agrostis L.

Gramineae alt. *Poaceae*

30–40 cm VII–VIII

Von den zahlreichen Arten dieser Gattung hat als Zierpflanze lediglich die in West- und Südeuropa wildwachsende *Agrostis nebulosa* BOISS. et REUT. größere Bedeutung. Die sehr dekorative, duftig wirkende Pflanze von feinem Reiz wird bis 40 cm hoch. Die Blätter sind kurz und häufig borstenartig gerollt. Die winzigen, einblütigen Ähren bilden eine reichverzweigte Rispe, die zunächst schmal ist und sich allmählich ausbreitet. In Preislisten wird die Pflanze gewöhnlich als Ziergras unter ihrem botanischen Namen angeboten.

Das Straußgras gedeiht in jeder Gartenerde, am besten an sonnigen Standorten, aber auch im Halbschatten. Die Aussaat erfolgt im April in Kästen oder in ein Frühbeet. Wie alle sehr feinen Samen sollen auch diese nicht bedeckt, sondern nur angedrückt werden. Ausgepflanzt wird Anfang Mai. Die Entfernung von Pflanze zu Pflanze soll etwa 20 cm betragen. Man kann auch an Ort und Stelle säen, doch ist dies weniger günstig, da die sehr feinen Samen dann gewöhnlich schlecht aufgehen.

Man pflanzt das Straußgras gern in Fugen von Trockenmauern; auch als selbstständige Gruppe oder gemeinsam mit größeren ausdauernden Gräsern wirkt es apart. Die äußerst zarten, duftigen Blütenstände eignen sich als Schnittblumen. Zum Trocknen schneidet man die Rispen vor der Samenreife und trocknet sie an einem schattigen und luftigen Ort.

Agrostis nebulosa BOIS. et REUT.

Stockmalve Stockrose

Malvengewächse

Althaea L.

Malvaceae

150–250 cm VII–VIII

Die verbreitetste und wichtigste Art ist wahrscheinlich aus Syrien stammende *Althaea rosea* (L.) CAV., welche neuerdings wieder *Alcea rosea* L. genannt wird. Sie ist eine Zweijahresblume, auf manchen Standorten kann sie jedoch einige Jahre ausdauern.

Die rundlich herzförmigen, handförmig gelappten Grundblätter bilden Rosetten, aus deren Mitte sich die bis 2 m hohen Blütenschäfte erheben. Diese tragen in ihrer oberen Hälfte, einzeln oder in Trauben stehend, schöne, einfache, halbgefüllte oder gefüllte, 8 bis 10 cm breite Blüten. Alle grünen Pflanzenteile sind filzig.

Vermehrt wird durch Stecklinge, durch Teilung und am häufigsten durch Aussaat von Samen. Ausgesät wird Ende Mai oder Anfang Juni ins Frühbeet oder auf ein gut vorbereitetes Freiland-Saatbeet. Die Sämlinge werden einmal pikiert und kommen im August oder Anfang September in Abständen von 60 bis 100 cm an Ort und Stelle, oder sie werden zunächst auf Anzuchtbeeten in Abständen von 20 bis 30 cm aufgeschult und im nächsten Frühjahr an den endgültigen Standort gepflanzt. Eine leichte Reisigdecke als Schutz gegen Kahlfröste ist angebracht.

Stockmalven brauchen lehmigen, nährstoffreichen Boden und einen warmen, sonnigen, windgeschützten Standort. In nassem Boden erfrieren sie leicht.

Die schmuckvollen Blumen kommen in freien, auf Grasflächen stehenden Gruppen gut zur Geltung und nehmen sich auch im Hintergrund einfacher Hausgärten hübsch aus. Man verwendet sie auch zum Maskieren von Mauern und Zäunen.

Althaea rosea (L.) CAV.

Fuchsschwanz Amarant

Amaranthus L.

Amarantgewächse

Amaranthaceae

60–100 cm VIII–X

Von den zahlreichen in den Tropen Asiens und Afrikas beheimateten Arten kommen als Zierpflanzen vor allem *Amaranthus caudatus* L., *A. tricolor* L. und *A. paniculatus* L. in Betracht. *A. caudatus,* der Hängende Gartenfuchsschwanz, ist von robustem Wuchs und wird 60 bis 100 cm hoch. Seine Blätter sind langgestielt, elliptisch bis eiförmig und an der Sonnenseite dunkelrot gefärbt. Die Sorte ‚Atropurpureus' hat winzige, scharlachrote Blüten, die in wirkungsvollen schlanken, überhängenden Ähren stehen. Die Sorten von *A. tricolor* erreichen eine Höhe von 60 bis 90 cm, haben schmucke karminrote Blätter mit gelben und grünen Flecken, aber nur unauffällige Blüten. *A. paniculatus* ‚Zwergfackel' wird 25 bis 50 cm hoch und fällt durch rote Belaubung und aufrechte, dunkelrote, zusammengesetzte Blütenähren auf.

Der Fuchsschwanz bevorzugt leichten, humosen, nährstoffreichen Boden und einen warmen, sonnigen Standort.

A. caudatus und *A. paniculatus* sät man im Mai an Ort und Stelle oder bereits im April in ein kaltes Frühbeet. Die vorkultivierten Pflanzen werden Ende Mai auf 50 bis 60 cm Abstand an den endgültigen Standort ausgepflanzt. Bei Direktaussaat wird auf dieselbe Entfernung vereinzelt. Frost vertragen die Pflanzen nicht. Am empfindlichsten ist *A. tricolor.* Die Aussaat dieser Art erfolgt Mitte März in Handkästen; erst Ende Mai werden die Jungpflanzen im Abstand von etwa 40 cm ausgepflanzt.

Alle Arten eignen sich für bunte Sommerbeete, sie nehmen sich aber auch sehr schön als Gruppe im Rasen stehend sowie in keramischen Gefäßen an exponierten Standorten aus. Auch zum Verdecken von Zäunen werden sie verwendet.

Amaranthus caudatus L.

Löwenmaul

Braunwurzgewächse

Antirrhinum L.

20–80 cm VI–IX

Antirrhinum majus L. wächst wild in Südeuropa und Kleinasien als ausdauernde Pflanze. Die angebotenen Sorten werden jedoch einjährig gezogen, obwohl sie in warmen Lagen und bei milden Wintern auch jahrelang halten können. Sie haben glänzende, ganzrandige Blätter. Die kurzgestielten Blüten öffnen sich nacheinander; zuerst erblühen die unten in der Traube stehenden und dann die oberen.

Vorzügliche Schnittblumen bieten die Sortengruppen *Maximum* und *Grandiflorum*. Die Sorten dieser Gruppen werden 80 bis 90 cm hoch, sind verzweigt und haben mittelgroße, zu dichten Trauben vereinte Blüten. Die Sorten der Gruppe *Maximum-Unicaule* erreichen eine Höhe von 80 cm und treiben nur einen einzigen, aufrechten Blütenschaft. Die großen Blüten stehen in der Traube weniger dicht. Für Töpfe und Schalen sowie für Schmuckbeete und zur Schnittblumengewinnung eignen sich die Sorten der mittelhohen Sortengruppen *Nanum-Maximum, Nanum-Grandiflorum* und *Nanum-Hyacinthiflorum*. Bei den Sorten dieser Gruppen entwickeln sich die Mittel- und Seitenachsen fast gleichzeitig und erreichen meist auch fast dieselbe Höhe von 45 bis 60 cm. Die verhältnismäßig großen Blüten stehen in ziemlich langen, meist dichten Trauben. Die Sorten der Gruppe *Pumilum* sind verzweigt, werden nur 15 bis 20 cm hoch und haben kleine, in kurzen Trauben angeordnete Blüten.

Am schönsten werden die Löwenmaulsorten in sonniger Lage und in nährstoffreichem, durchlässigem lehmig-sandigem Boden. Die höheren Sorten müssen vor Wind geschützt werden.

Die Aussaat erfolgt am besten im Februar oder März in Kästen; Mitte April bringt man die Pflanzen auf Beete. Der Pflanzenabstand beträgt 25 bis 30 cm.

Antirrhinum majus L.

Bärenohr

Korbblütengewächse

Arctotis L.

Compositae

15–100 cm VI–X

Unter den zahlreichen Arten dieser Gattung, die zum größten Teil in Südafrika beheimatet sind, hat *Arctotis venusta* T. NORL. *(A. stoechadifolia* auct. non BERGIUS), früher als *A. grandis* THUNB. geführt, den größten Zierwert. Sie ist eine buschige, 60 bis 70 cm hohe Pflanze von aufrechtem, üppigem, von unten her verzweigtem Wuchs. Eine Pflanze kann bis 50 Blüten treiben, die sich nacheinander öffnen. Die zungenförmigen Randblüten der langgestielten, 5 bis 7 cm breiten Blumenköpfchen sind oben weiß und unten hellviolett. Die röhrenförmigen Scheibenblüten sind blauviolett. Außer dieser Art gibt es eine Reihe weniger hoher, verschiedenfarbiger Hybriden, die für den Garten Bedeutung haben.

Als Standorte kommen nur vollsonnige und warme Plätze in Betracht. Der Untergrund soll leicht und durchlässig sein. Stauende Nässe vertragen die Pflanzen nicht. Die Blumen öffnen sich zeitig in der Frühe, bald nach Sonnenaufgang, und schließen sich am Nachmittag. Im Spätherbst bleiben sie jedoch immer offen; bei Regenwetter bleiben sie den ganzen Tag über geschlossen. Kühles und regnerisches Wetter ist ihnen abträglich und hemmt das Wachstum.

Man sät Ende März ins Frühbeet. Mitte April werden die vorkultivierten Pflanzen an ihren endgültigen Standort gebracht. Der Pflanzenabstand beträgt 30 bis 40 cm.

Arctotis zeichnen sich durch Formen- und Farbenpracht sowie durch monatelange Blühdauer aus. Sie wirken daher sehr dekorativ in farbigen Sommerblumenbeeten und Rabatten, deren Buntheit sie noch steigern. Auch als Schnittblumen können sie verwendet werden.

Arctotis hybrida hort.

Begonie
Schiefblatt

Schiefblattgewächse

Begoniaceae

Begonia L.

15–35 cm V–X

Verschiedene Arten dieser Gattung sind als Stauden in den Tropen und Subtropen Amerikas, Afrikas und Asiens zu Hause. Durch Kreuzungen wurden zahlreiche Sorten gewonnen, die man unter der Bezeichnung *Begonia semperflorens*-Hybriden zusammenfaßt. Sie sind ebenfalls ausdauernd, werden aber fürs Freiland ein- oder zweijährig angebaut. Man unterscheidet zwei Gruppen: die niedrigen Sorten (Gruppe *B. gracilis*) mit stark verzweigtem Wuchs und kleineren Blüten und die halbhohen bis hohen Sorten (Gruppe *B. semperflorens),* die weniger, dafür aber größere Blüten bringen, auch ihre Blätter sind größer. In Sortenlisten und Katalogen werden die Sorten beider Gruppen nach der Blattfarbe (grünlaubige und dunkellaubige) unterteilt. Die Sorten blühen weiß, rosa oder rot. Als F_1-Hybriden bezeichnete Sorten zeichnen sich durch gleichmäßigen Wuchs, lange Blühdauer und Blühwilligkeit sowie durch größere Widerstandsfähigkeit aus.

Wesentlich für das gute Gedeihen von Begonien sind warme und sonnige Plätze und humoser, durchlässiger Boden.

Die Aussaat erfolgt Ende Dezember oder Anfang Januar in Schalen oder Töpfe. Während der Vorkultur sind Begonien sehr pflegebedürftig. Der Pflanzenfreund verzichtet daher fast immer auf eigene Anzucht und kauft kräftige, bereits blühende Jungpflanzen, und zwar erst Ende Mai, da Begonien äußerst frostempfindlich sind. Man wählt einen Pflanzenabstand von 15 bis 20 cm.

Begonien werden mit Vorliebe in Parkanlagen und auf Friedhöfen verwendet. Man pflanzt sie als Einfassung und mischt sie gern in bunte Rabatten und Blumenbeete. Auch in Balkon- und Fensterkästen sowie in keramischen Gefäßen wirken sie sehr schön.

Begonia semperflorens LINK et OTTO

Gänseblümchen Maßliebchen Tausendschön

Korbblütengewächse

Compositae

Bellis perennis L.

10–25 cm IV–VII

Bellis perennis L. ist eine zarte, in Europa beheimatete Komposite mit einfachen, kleinen Blumen. Die Kulturformen sind kräftiger und haben größere Blumen. In den Körbchen stehen zweierlei Blüten: Zungenblüten und Röhrenblüten. Nach der Größe und Gestalt der Blumen kann man einige Gruppen unterscheiden. Die gefülltblühende Sorte ‚Frühlingsfreude' hat mittelgroße Blumen und ist polsterartig niedrig, dennoch können die Blumen als Schnittblumen verwendet werden; die Blüten der rosa Sorte ‚Monstrosa Monterosa' werden bis 8 cm breit, ebenso die halbgefüllte dunkelrote ‚Aetna'. Diese beiden Sorten dienen der Schnittblumengewinnung. Es gibt auch reinweiße Sorten (‚Excelsia Weiß' und ‚Schneeball').

Am besten wachsen *Bellis* an sonnigen Plätzen auf lehmigem, nährstoffreichem Boden. In zu feuchtem Boden faulen oder erfrieren sie.

Ausgesät wird Ende Juni oder Anfang Juli in Kästen oder ins Frühbeet. Um das Austrocknen des Bodens zu verhindern, wird bis zum Aufgehen beschattet. Ende August oder im September kann man die Pflanzen an den endgültigen Standort bringen; häufiger pflanzt man sie jedoch auf Anzuchtbeete, auf denen sie überwintern, und setzt sie dann erst im Frühjahr an Ort und Stelle. Vor Kahlfrösten schützt man die Pflanzen durch eine leichte Reisigdecke.

Gänseblümchen sind bekannte und beliebte Blumen, die man gern auf Beete, in Fenster- und Balkonkästen sowie auf Gräber pflanzt. Man verwendet sie auch für Einfassungen.

Bellis perennis L.

Kurzschopf

Korbblütengewächse

Brachycome iberidifolia BENTH.

Compositae

20–25 cm VI–IX

Diese reizende, stark verästelte, 25 cm hohe Pflanze stammt aus Australien. Ihre Blätter sind schmallanzettlich, geradezu fadenförmig. Ihre Blumen werden bis 3 cm breit und duften angenehm. Die Scheibenblüten sind blauschwarz oder gelbbraun und werden von einem Kranz blauvioletter, rotvioletter oder weißer Zungenblüten umgeben, die sich beim Abblühen nadelförmig einrollen.

Die besten Erfolge erreicht man bei trockenem, durchlässigem, nährstoffreichem Boden auf warmen, sonnigen Plätzen. Gegen Nässe ist die Pflanze sehr empfindlich; bei langandauerndem Regenwetter oder starker Bodenfeuchtigkeit verkümmert sie.

Die Aussaat erfolgt Ende März oder Anfang April in ein Frühbeet oder in Kästen. Der Samen geht nach etwa einer Woche auf. Die Sämlinge werden rechtzeitig pikiert und behutsam begossen. In der zweiten Maihälfte werden die vorkultivierten Pflanzen im Abstand von 20 bis 30 cm ins Freiland gesetzt. Sie dürfen nicht zu dicht stehen, so daß die einzelnen Pflanzen ihren charakteristischen Wuchs gut ausbilden können. Bei sonnigem Wetter beginnt der Flor Ende Juni und dauert den ganzen Sommer über.

Brachycomen verwendet man für bunte Sommerblumenbeete, für Einfassungen und auch für den Balkon.

Brachycome iberidifolia BENTH.

Ringelblume

Korbblütengewächse

Calendula officinalis L.

Compositae

30–70 cm VII–X

Diese in Südeuropa heimische Art gehört zu unseren ältesten Gartenblumen. Sie wird 70 cm hoch und zeigt buschigen, verästelten Wuchs. Die Blumen sind 8 bis 10 cm breit, die Blütenstiele lang und fest. Heute werden vorwiegend gefülltblühende Sorten angebaut. Zu ihnen gehören u.a.: ‚Orangestrahlen', leuchtend tieforange; ‚Pazifik Schönheit', zitronengelb; ‚Pazifik Schönheit', cremeweiß; ‚Medaillon Gelb', leuchtend goldgelb; ‚Medailon Orange', dunkelorange. Beliebt sind auch Sorten mit halbgefüllten Blüten, die nach der Mitte zu auffallend dunkler werden.

Die Ringelblume wächst in jedem kalkhaltigen Gartenboden, am besten an sonnigen Standorten.

Man sät im April direkt ins freie Land und vereinzelt auf 30 bis 40 cm Abstand. Die entfernten Pflänzchen kann man an einer anderen Stelle wieder einpflanzen; sie fassen sehr schnell Fuß. Frühe Blüte erreicht man durch Herbstaussaat. Bei ständigem Abschneiden der verblühten Blumen treibt die Pflanze fortwährend neue Knospen, und der Flor hält länger an. Große, dichtgefüllte Blüten bildet die Pflanze, wenn die Seitentriebe frühzeitig ausgebrochen werden. In der Vase halten die Blumen 5 bis 8 Tage, sie müssen jedoch vor dem völligen Aufblühen geschnitten werden. Die Ringelblume wird in Hausgärten häufig für bunte Blumenbeete, in Parkanlagen dagegen als Farbkontrast in geschlossenen Pflanzungen verwendet.

Calendula officinalis L.

Sommeraster

Korbblütengewächse

Callistephus chinensis (L.) NEES

Compositae

20–90 cm VII–X

Callistephus chinensis (L.) NEES stammt aus China und hat in Europa unter den Händen der Züchter einen Reichtum an Formen und Farben entwickelt, der kaum zu beschreiben ist. Mit Ausnahme von Schwarz und Orange sind sämtliche Farben in den verschiedensten Schattierungen vertreten. Auch zweifarbige Züchtungen gibt es. In den Sortenlisten und Katalogen nehmen die Sommerastern oft mehrere Seiten ein. Hier seien nur einige der bekanntesten Gruppen erwähnt: Prinzeß-Astern, Meister-Astern, Straußenfeder-Astern, Pompon-Astern, Paeonien-Astern, Frühwunder-Astern, Mozart-Astern, Frühe Schnitt-Astern, Schnitt-Astern, Erfurter Zwerg-Astern und Pruhonitzer Zwerg-Astern.

Sommerastern wachsen am besten an sonnigen, warmen Plätzen auf nährstoffreichem, lehmig-sandigem Gartenboden. Man muß jedoch darauf achten, daß der Boden keinen frischen Stalldung enthält. Auch stauende Nässe vertragen die Pflanzen nicht.

Die Aussaat erfolgt im März oder April ins Frühbeet. Im Mai pflanzt man im Abstand von 25 bis 40 cm auf Freilandbeete aus; schwache Maifröste schaden den Pflanzen nicht. Man kann auch im April an Ort und Stelle säen, doch kommen die Pflanzen dann sehr spät zur Blüte.

Sommerastern finden sehr vielseitige Verwendung. Die geschnittene Blume ist 8 bis 10 Tage haltbar. Niedrige Sorten kann man unmittelbar vor dem Aufblühen ausgraben und in Blumentöpfe oder Balkonkästen umsetzen.

Callistephus chinensis (L.) NEES

Marienglocken-blume

Glockenblumengewächse

Campanula medium L.

Campanulaceae

50–90 cm VI–VII

Von den vielen, meist ausdauernden Arten der Gattung hat als Zweijahrespflanze lediglich die in Südeuropa und Frankreich heimische *Campanula medium* L., die Marienglockenblume, gärtnerische Bedeutung. Die ziemlich langgestielten, gezähnten Grundblätter bilden im ersten Jahr eine Rosette, aus deren Mitte sich im Frühling des nächsten Jahres der verzweigte, bis 90 cm hohe Blütenstengel entwickelt. Er wird von einer pyramidal gebauten Rispe, bestehend aus großen weißen, hellblauen, rosaroten oder dunkelvioletten Glockenblüten, gekrönt. Blütezeit: Ende Juni bis Juli. Die Sorten werden unter der Farbbezeichnung oder häufiger als Mischung verschiedener Farben angeboten.

Marienglockenblumen gedeihen am besten an sonnigen Standorten in nährstoffreichem, lehmigem Boden, der jedoch nicht zu feucht sein darf, da sonst die Pflanzen erfrieren.

Im Juni sät man dünn ins kalte Frühbeet oder auf ein Freiland-Saatbeet. Bei dichtem Stand wird sobald wie möglich pikiert; ein weiteres Umsetzen erübrigt sich. Im August oder Anfang September wird im Abstand von 40 bis 50 cm ausgepflanzt. Um unbeschadet zu überwintern, müssen die Pflanzen gut Wurzel gefaßt haben. Als Schutz vor stärkeren Kahlfrösten wird eine leichte Reisigdecke empfohlen.

Die Marienglockenblume ist eine auffällige, dekorative Pflanze. Im Garten wird sie vor allem auf bunten Sommerblumenbeeten, aber auch als Solitärpflanze im Rasen oder in Gruppen vor Ziersträuchern angepflanzt. Auch als Lückenfüller zwischen Stauden ist sie sehr wirkungsvoll. In der Vase öffnen sich die Blüten nacheinander.

Campanula medium L.

Celosie
Hahnenkamm
Feuerschopf

Amarantgewächse

Amaranthaceae

Celosia L.

15–80 cm VII–IX

Von den zahlreichen Arten der Gattung *Celosia,* die in den warmen Gegenden Afrikas, Amerikas und Asiens wachsen, ist *C. argentea* L. für uns von Bedeutung. Zu ihr gehören die beiden als Zierpflanzen geschätzten Varietäten *cristata,* der Hahnenkamm, und *plumosa,* die Federbusch-Celosie. Die 15 bis 40 cm hohe *C. argentea* L. var. *cristata* (L.) O. KUNTZE (syn. *C. cristata* L.) hat einen 15 bis 25 cm breiten, monströsen, gekräuselten hahnenkammförmigen Blütenstand; ihre Sorten werden unter der Farbenbezeichnung (gelb, rosa, rot, ziegelrot, violett) gehandelt. Die verweigte. *C. argentea* L. var. *plumosa* VOSS (syn. *C. pyramidalis plumosa* hort.) wird 20 bis 80 cm hoch; am beliebtesten jedoch sind die 20 bis 25 cm hohen Zwergsorten mit intensiv gefärbtem Blütenstand, so ‚Feuerfeder', leuchtendrot und ‚Goldfeder', goldgelb.

Warmer, durchlässiger Gartenboden ist die beste Voraussetzung für das gute Gedeihen der Celosien. Bei kühlem, regnerischem Wetter wachsen sie schlecht. Ausgesät wird im März oder Anfang April im Gewächshaus oder ins warme Frühbeet. Die Anzucht der Jungpflanzen ist nicht leicht und daher dem Gärtner vorbehalten.

Da die Pflanzen äußerst frostempfindlich sind, bringt man sie erst Ende Mai an ihren endgültigen Bestimmungsort. Der Pflanzabstand soll 20 bis 30 cm betragen.

In Töpfen sowie in Balkonkästen und keramischen Gefäßen wirken Celosien mit ihren eigenwilligen Blütenformen besonders gut. Vorkultivierte Pflanzen vertragen das Umsetzen sehr gut.

Celosia argentea f. *cristata* O. KUNTZE

Flockenblume

Korbblütengewächse

Centaurea L.

Compositae

50–90 cm VII–X

Von den zahlreichen, meist ausdauernden Arten dieser fast über die ganze Welt verbreiteten Gattung werden nur einige als einjährige Gartenblumen gezogen. Die bekannteste ist *Centaurea cyanus* L., die allen vertraute Kornblume. Die dichtbuschige, stark verzweigte Pflanze wird 50 bis 90 cm hoch und entwickelt zahlreiche Blüten. Die „Füllung" bei den sogenannten gefüllten Sorten ergibt sich aus der zungenartigen Verlängerung der in der Scheibenmitte stehenden Röhrenblüten. Am verbreitetsten sind die blau blühenden Sorten; es werden jedoch auch Sorten mit weißen, rosa und roten Blüten gezogen. Die Blühdauer ist verhältnismäßig kurz: etwa sechs Wochen. Neben dieser heimischen Kornblume gibt es die Duftkornblume, *Centaurea moschata* L., die neuerdings wieder *Amberboa moschata* (L.) DC. heißt, ein Name der bisher synonym war. Diese Art stammt aus dem Orient. Sie wird 70 bis 80 cm hoch und ist ebenfalls reichverzweigt. Die langen, festen Stiele tragen 5 bis 7 cm breite, wohlriechende, weiße. gelbe, rosa, violette oder purpurrote Blüten. Das Herausschneiden der verblühten Blumenköpfchen sichert einen reicheren Nachflor.

Kornblumen gedeihen in jeder kalkhaltigen Gartenerde, brauchen jedoch für reiche Blüte einen vollsonnigen Standort.

Ausgesät wird im März oder April an Ort und Stelle. Es darf jedoch nicht zu tief gesät werden. Nach dem Keimen, das nach etwa 14 Tagen erfolgt, wird je nach Art auf eine Entfernung von 25 bis 40 cm ausgedünnt.

Kornblumen verwendet man in erster Linie als Schnittblumen. Mit ihren zarten Pastellfarben wirken sie sehr dekorativ. In der Vase bleiben sie 5 bis 9 Tage frisch. *C. cyanus* wird auch für bunte Blumenbeete verwendet.

Centaurea moschata L.

Wucherblume

Korbblütengewächse

Chrysanthemum L.

Compositae

30–100 cm VII–X

Von den einjährig angebauten Arten dieser Gattung trifft man in unseren Gärten *Chrysanthemum carinatum* SCHOUSB. am häufigsten an. Sie bildet reichlich verzweigte, breit ausladende, verhältnismäßig zarte, 50 bis 100 cm hohe Büsche und hat doppeltfiederschnittige graugrüne Blätter. Die 6 bis 8 cm breiten Blumenköpfchen sitzen einzeln auf langen, ziemlich festen, wenig verzweigten Stielen. Die Scheibenblüten sind dunkel- bis schwarzpurpurn, während die zungenförmigen Randblüten weiß, gelb oder karmin- bis feuerrot sind und meist am Grund einen dunklen Fleck haben, so daß sich um die Scheibe ein dunkler, auffallender Ring bildet. Von den zahlreichen Sorten sei die mehrfarbige ‚Tetra Polarstern' mit weißem Saum erwähnt. Viele Sorten gibt es auch von dem 50 cm hohen, stark verzweigten *Ch. segetum* L., der Saat-Wucherblume, an der bis zu 80 Blüten erscheinen. Nur vereinzelt wird heute noch das aus Südeuropa stammende *Ch. coronarium* L., die Kronen-Wucherblume, angeboten. Sie wird bis 100 cm hoch und hat kleinere, einfache oder gefüllte Blüten mit einem Durchmesser von etwa 4 cm.

Alle angeführten Arten sind ziemlich anspruchslos. Am besten gedeihen sie auf lockeren, durchlässigen, sogar steinigen Böden. Während *Ch. carinatum* einen kalkreichen Standort braucht, wächst *Ch. segetum* auf kalkarmen Boden gut.

Meist wird im April an Ort und Stelle nicht zu tief, in 30 bis 40 cm Abstand ausgesät. Man kann auch ins Frühbeet säen und Ende Mai auspflanzen. Während der Blütezeit werden die verblühten Blumen laufend entfernt.

Wucherblumen eignen sich vorzüglich für bunte Blumenbeete und Rabatten. Vor allem werden sie jedoch als Schnittblumen verwendet. In der Vase halten sie sich bis 13 Tage.

Chrysanthemum carinatum SCHOUSB.

Mutterkraut

Korbblütengewächse

Chrysanthemum parthenium (L.) PERS.

Compositae

20–70 cm VI–VIII

Das aus Südeuropa und Kleinasien stammende *Chrysanthemum parthenium* (L.) PERS. (syn. *Matricaria parthenium* L., *M. capensis* [DESF.] hort., *M. eximia* hort.) ist eine Staude, es wird bei uns jedoch einjährig gezogen, obwohl die Pflanze mitunter mehrere Jahre am Standort verbleibt. Am häufigsten werden die niedrigen Sorten ‚Tom Thumb', weiß, ‚Goldball', gelb, und ‚Schneeball', weiß, angeboten. Sie werden 20 bis 30 cm hoch, sind kompakt, aber stark verzweigt und haben hellgrüne, fiederschnittige Blätter. Die Pflanze verbreitet einen durchdringenden, arteigenen Duft. Zur Blütezeit, die verhältnismäßig kurz ist, bedecken sich die kleinen Büsche über und über mit 15 bis 20 cm breiten, hellgelben oder weißen Blumen, so daß man die Blätter kaum bemerkt.

Das Mutterkraut kann auf jedem kalkhaltigen Gartenboden angebaut werden, braucht jedoch einen warmen, sonnigen Stand.

Am sichersten ist die Aussaat im Februar oder Anfang März in Kästen. Die vorkultivierten Pflanzen werden Mitte Mai an ihren endgültigen Platz gebracht.

Das Mutterkraut verwendet man für Rabatten und Einfassungen und auch für Töpfe. Da die Pflanzen das Umsetzen sehr gut vertragen, kann man sie kurz vor der Blüte ausgraben, verpflanzen oder einsetzen.

Chrysanthemum parthenium (L.) PERS.

Clarkie

Nachtkerzengewächse

Clarkia PURSH

Onagraceae

50–60 cm VI–VIII

Die in Kalifornien beheimatete *Clarkia unguiculata* syn. *Clarkia elegans* DOUGL. non POIR. wird 50 bis 60 cm hoch, bildet reich verzweigte Büsche und hat blaugrüne, bereifte Blätter. Bei den Sorten, die meist gefüllt blühen, sind der Stengel und die Mittelrippe der Blätter purpurrot überlaufen. Die blattachselständigen Blüten sind weiß, lachsrosa, scharlachrot oder purpurviolett. Die Clarkie blüht verhältnismäßig kurz, von Ende Juni bis Mitte August.

Sie gedeiht in jedem Gartenboden an warmen, sonnigen und windgeschützten Plätzen. Stauende Nässe verträgt sie nicht.

Ausgesät wird im April ins Frühbeet. Nach dem Aufgehen soll man rechtzeitig pikieren oder ausdünnen. Mitte Mai pflanzt man auf 20 bis 30 cm Abstand aus. Bei Aussaat an Ort und Stelle erhält man jedoch häufig bessere Pflanzen. Starke Verzweigung erzielt man durch einmaliges Entspitzen der Jungpflanzen.

Clarkien pflanzt man meist einzeln in bunte Blumenbeete. Auch geschlossene Gruppenpflanzungen wirken apart. Als Schnittblumen sind Clarkien sehr beliebt. Sie werden geschnitten,, wenn die unterste Blüte fängt an zu blühen. Sie bleiben in der Vase etwa 9 Tage frisch.

Clarkia elegans DOUGL.

Cleome Spinnenpflanze

Kapernstrauchgewächse

Cleome L.

Capparidaceae

120 cm VI–X

Von den zahlreichen Arten dieser in Süd- und Nordamerika vorkommenden Gattung wird die aus Mexiko stammende *Cleome spinosa* JACQ. (syn. *C. pungens* WILLD., *C. gigantea* hort. non L.), die Spinnenpflanze, gern als Gartenzierde gezogen. Die sich bereits von unten her verzweigende, bis 120 cm hohe Pflanze blüht von Mitte Juni an ununterbrochen bis zu den ersten Frösten. Die Blüten sitzen an den Enden der zahlreichen Triebe in vielblumigen, sich im Laufe ihres Wachstums verlängernden Trauben. Sehr eigenartig wirken die langen, dünnen Staubfäden, die samt ihren auffallenden purpurroten Staubbeuteln weit aus den Blüten herausragen. Die schmalen Kronblätter sind weiß, rosa, karminrot oder dunkelviolett. Am häufigsten werden die weiße ‚Helen Cambell', die zartrosa blühende ‚Rosakönigin', die Sorte ‚Violettkönigin' mit violetten Blüten sowie Sortenmischnungen angeboten.

Cleomen brauchen sandige, lockere und durchlässige Böden und einen warmen, sonnigen Standort.

Man sät im März im Gewächshaus oder ins Frühbeet. Die Jungpflanzen sind ziemlich wärmebedürftig. Am besten hat sich die Vorkultur in Torftöpfen bewährt. Ende Mai, wenn keine Fröste mehr drohen, wird ausgepflanzt. Der Abstand von Pflanze zu Pflanze soll mindestens 50 cm betragen.

Cleomen sind Blumen von ungewöhnlicher, bizarrer Schönheit. Man pflanzt sie am besten als Gruppe oder Solitärpflanzen in Parks, Grünanlagen und Gärten. Man kann sie dort in bunte Blumenbeete einstreuen oder vor den Hintergrund einer Mauer oder eines Zaunes setzen.

Cleome spinosa JACQ.

Winde

Windengewächse

Convolvulus L.

Convolvulaceae

20–30 cm VI–IX

Von den zahlreichen einjährigen und ausdauernden, in der gemäßigten Zone und in den Subtropen heimischen Arten der Gattung *Convolvulus* L. hat lediglich die Dreifarbige Winde, *Convolvulus tricolor* L., Gartenwert. Die in Südeuropa und Nordafrika wildwachsende Pflanze bildet bis 75 cm breite und etwa 30 cm hohe Büsche. Sie sind stark verzweigt und wachsen niederliegend, lediglich die Triebspitzen richten sich auf. Die Blätter sind länglich-oval bis lanzettlich, die Blüten trichterförmig und etwa 5 cm breit. Am Rand sind die Blüten blau, rot oder zartrosa, in der Mitte weiß und am Schlund gelb. Die Blütezeit erstreckt sich von Ende Mai bis in den Herbst. Bei bedecktem Himmel oder Regenwetter schließen sich die Blüten, bei schönem Wetter sind sie von 7 bis etwa 15 Uhr geöffnet.

Voraussetzungen für reiche Blüte ist mäßig nährstoffreicher, durchlässiger und kalkhaltiger Boden sowie ein warmer, sonniger Standort. Auf nährstoffarmen Böden blühen die Pflanzen schlecht, und auf zu stark gedüngten oder feuchten Standorten entwickelt sich das Laub so üppig, daß es die Blüten verdeckt.

Ausgesät wird am besten im April an Ort und Stelle auf 30 bis 40 cm Entfernung. Auch Aussaat ins Frühbeet ist möglich, doch vertragen die Pflanzen das Umsetzen nur solange sie noch sehr jung sind.

Man verwendet die Dreifarbige Winde gern zum schnellen Bedecken größerer Flächen in Parks und Gärten; auch in bunten Blumenbeeten nimmt sie sich schön aus.

Convolvulus tricolor L.

Schöngesicht Mädchenauge

Korbblütengewächse

Coreopsis L.

Compositae

15–100 cm VI–X

Einjährige und ausdauernde Arten der Gattung *Coreopsis* wachsen in Nord- und Südamerika sowie in Afrika. Von den einjährigen Arten findet man *Coreopsis tinctoria* NUTT (syn *Calliopsis bicolor* RCHB., *Calliopsis tinctoria* [NUTT] DC.) in unseren Gärten am häufigsten. Die aufrecht wachsenden und stark verzweigten Pflanzen werden je nach Sorte 15 bis 100 cm hoch und tragen zahlreiche kleine gelbe, braungelbe oder rotbraune Blüten. Die hohen Sorten blühen den ganzen Sommer über; bei den niedrigen Sorten öffnen sich die Blüten fast gleichzeitig. Die Blühdauer beträgt 5 bis 6 Wochen. Während der Blütezeit bilden die Pflanzen auf dem Beet einen prachtvollen, bunten Blumenteppich. In geringerem Ausmaß wird auch *Coreopsis basalis* (OTTO et A. DIETR.) S. F. BLAKE (syn. *Coreopsis drummondii* [D. DON] TORR. et A. GRAY) gezogen. Diese stark verzweigte Art wird 50 bis 60 cm hoch. Ihre Blüten sind bis 8 cm breit und von sattgelber Farbe mit einem auffallend braunen Ring um die Mittelscheibe.

Coreopsis sagen sonnige Lagen und lehmig-sandige Böden am meisten zu. Für höhere Sorten wählt man windgeschützte Standorte.

Die Aussaat erfolgt im April ins Frühbeet; Mitte Mai werden die Setzlinge den Sorteneigenschaften entsprechend auf 12 bis 35 cm Abstand ausgepflanzt. Man kann auch Ende April oder Anfang Mai direkt ins freie Land säen.

Coreopsis werden wegen ihrer hübschen Blütenfarben und langen Blühdauer geschätzt. Die niedrigeren Sorten streut man als größere oder kleinere Gruppen in bunte Blumenbeete ein oder verwendet sie als Rabatten- oder Einfassungspflanzen, die hohen eignen sich vorzüglich zur Schnittblumengewinnung. Die geschnittenen Blumen halten 8 bis 10 Tage, Knospen blühen in der Vase auf.

Coreopsis basalis BLAKE

Schmuckkörbchen

Krobblütengewächse

Cosmos CAV.

Compositae

80–120 cm VII–IX

Die nur einige Arten umfassende Gattung ist in den wärmeren Gegenden Nordamerikas, vor allem in Mexiko zu Hause.

Cosmos bipinnatus CAV. ist eine überall willkommene Einjahresblume, die 80 bis 120 cm hohe, stark verzweigte, mit zierlich geschlitztem Laubwerk bekleidete Büsche bildet. Die Blumenköpfe sind bis zu 10 cm breit. Die großen, zungenförmigen Randblüten haben auffallend leuchtende Farben. Die Zahl der röhrenförmigen Scheibenblüten ist verhältnismäßig gering. Wertvolle Sorten sind: ‚Sensation Blender', leuchtend dunkelkarmesinrot, früh; ‚Sensation Purity', reinweiß, großblütig; ‚Ruhm', hellrosa mit purpurroter Mitte, groß. Angeboten wird auch eine Mischung der genannten Sorten. Es gibt auch gefülltblühende. Etwas niedriger, nämlich 60 bis 90 cm hoch, ist die ebenfalls aufrecht wachsende und stark verzweigte Art *Cosmos sulphureus* CAV. Auch ihr Laubwerk ist doppelt fiederschnittig, jedoch weniger dekorativ; die Blumenköpfchen sind nur 4 bis 6 cm breit. Die Sorte ‚Sunset' blüht leuchtend orangerot. Beide Arten blühen von Juli bis in den Spätherbst.

Das Schmuckkörbchen gedeiht in jedem Gartenboden, wenn es nur einen sonnigen, windgeschützten Standort hat. Setzt man die Pflanzen jedoch in zu nährstoffreichen Boden oder schattige Lage, so gehen sie üppig ins Kraut und blühen nur spärlich.

Die Aussaat erfolgt im März oder April, man sät ins Frühbeet. Mitte Mai, wenn keine Fröste mehr drohen, pflanzt man auf mindestens 40 cm aus. Auch Direktaussaat gegen Ende April ist durchaus möglich, doch blühen diese Pflanzen bedeutend später.

Cosmeen sind als Schnittblumen recht wertvoll; halbentfaltete Blumen öffnen sich in der Vase und bleiben 7 bis 8 Tage frisch. Die stattlichen Pflanzen eignen sich auch für alleinstehende, geschlossene Gruppen und zur Anlage lebender Zäune.

Cosmos bipinnatus CAV.

Pippau

Korbblütengewächse

Crepis L.

Compositae

40 cm VI–VII

Der Gartenpippau, *Crepis rubra* L. (syn. *Barkhausia rubra* [L.] MOENCH), stammt aus Südeuropa; seine Heimat ist vor allem Italien und Spanien. Die leierförmigen sattgrünen Grundblätter bilden eine Rosette, aus der sich bis 35 cm hohe, glatte, feste und wenig verästelte, Blumenköpfchen tragende Triebe erheben. Die Blumen sind etwa 3 cm breit und mit dachziegelförmig angeordneten Zungenblüten gefüllt. Im Laufe des Nachmittags schließen sie sich. Die Blütenfarbe ist hellrosa, nach der Mitte zu in Karminrot übergehend. Der Pippau blüht bald nach der Aussaat und nur eine verhältnismäßig kurze Zeit lang; in vier Wochen ist der Flor vorüber. Wünscht man einen längeren Flor, so sind Folgeaussaaten erforderlich.

Der Pippau nimmt mit jedem Gartenboden vorlieb; man kann ihn auch in nährstoffarme Böden, z. B. auf ehemalige Bauplätze oder in neu angelegte, noch unbearbeitete Gärten, pflanzen. Auf nichtumzäunten Grundstücken müssen die Pflanzen vor Hasen geschützt werden, für die der Pippau offensichtlich eine besondere Delikatesse ist.

Die Aussaat beginnt Anfang April direkt ins Freie; nach dem Aufgehen vereinzelt man auf 20 bis 30 cm Entfernung.

Der Pippau eignet sich besonders für sonnige Lagen. Man pflanzt ihn z.B. gern in farbige Sommerblumenbeete, auf freie Plätze im Steingarten, in Fugen von Trockenmauern oder auf Terrassen.

Crepis rubra L.

Zierkürbis

Kürbisgewächse

Cucurbita pepo var. *ovifera* L. (ALEF.) *Cucurbitaceae*

150–300 cm VII–IX

Der Kürbis ist vor allem als Gemüse- oder Futterpflanze bekannt. *Cucurbita pepo* var. *ovifera* L. (ALEF.) wird jedoch ausschließlich als Zierpflanze gezogen. Sie hat bis zu 3 m lange, kriechende und rankende Triebe. Die langgestielten, borstig behaarten Blätter sind handförmig gebuchtet, die Glockenblüten goldgelb. Zierkürbisse baut man wegen ihres schnellen Wachstums, ihrer schönen Belaubung und vor allem wegen ihrer farbenfrohen und formenreichen Früchte an. Diese schmücken nicht nur während der Vegetationszeit die Pflanze, sondern auch unsere Wohnräume im Winter. Die Früchte halten sich sehr lange; für Speisen sind sie nicht geeignet.

Kürbisse brauchen für ihr üppiges Gedeihen humose, gehaltvolle Böden und warme, sonnige Lagen. Während des Wachstums muß nach Bedarf zusätzlich gewässert und gedüngt werden.

Anfang Mai sät man direkt an Ort und Stelle, am besten horstweise, und zwar in Abständen von 50 bis 70 cm je 2 bis 3 Samen. Man kann auch Ende April ins Frühbeet oder im Gewächshaus in Töpfe säen und die Jungpflanzen dann Ende Mai ins Freiland setzen. Vorkultivierte Pflanzen entwickeln sich schneller.

Schmuckkürbisse baut man gern als Bodenbegrüner zum schnellen Bedecken von größeren Flächen, sonnigen Hängen, Komposthaufen u.ä. an. Will man sie zum Bekleiden von Mauern oder Zäunen verwenden, so muß man ihnen Stützen geben, an denen sie sich emporranken können.

Cucurbita pepo var. *ovifera* L. (ALEF.)

Hundszunge

Boretschgewächse

Cynoglossum amabile STAPF et DRUMM. *Boraginaceae*

40 cm VI–VII

Von der Gattung *Cynoglossum* hat lediglich die dem Vergißmeinnicht ähnelnde Art *C. amabile* Zierwert. In ihrer Heimat, in Westchina, ist sie zweijährig. Sie wird etwa 40 cm hoch, bildet dichtverzweigte Büsche und hat lanzettförmige, rauhe Blätter. Die Blüten sind reichlich, klein, trichterförmig, intensiv blau. Blütezeit: von Mitte Juni bis August.

Die Hundszunge prosperiert gut in leichten, nährstoffreichen, kalkhaltigen Böden und warmen, sonnigen Standorten. In zu stark gedüngten, zu schweren oder nassen Böden gedeiht sie nicht.

Ausgesät wird Mitte April an Ort und Stelle auf 20 bis 30 cm Abstand. Man darf nicht zu tief säen, da sonst die Samen sehr langsam und ungleichmäßig aufgehen. Bei richtiger Aussaat laufen die Sämlinge in etwa zehn Tagen auf. Durch rechtzeitigen Rückschnitt der abgeblühten Triebe wird der Flor wesentlich verlängert. Die Pflanzen säen sich leicht selbst aus, so daß auf dem Standort des Vorjahres oft unzählige Sämlinge aufgehen, die man nur zu vereinzeln braucht, um wieder schöne Blumenbeete zu erhalten.

Man streut die Hundszunge in bunte Sommerblumenbeete ein oder verwendet sie zum Bedecken größerer Flächen, auf denen sie einen leuchtend blauen Teppich bildet. Zur Blütezeit ist sie eine vorzügliche Bienenweide.

Cynoglossum amabile STAPF et DRUMM.

Rittersporn

Hahnenfußgewächse

Delphinium L.

Ranunculaceae

40–130 cm VI–VII

Zahlreiche Arten dieser Gattung wachsen im Mittelmeergebiet, in Südosteuropa und in Klein- und Mittelasien wild.

Viele von ihnen sind als einjährige oder ausdauernde Zierpflanzen in unsere Gärten gekommen und gehören heute zu den wichtigsten Gartenblumen. Die zahlreichen Sorten werden der Übersichtlichkeit halber nach ihrer Wuchshöhe oder nach der Größe und Form der Blüte in Gruppen eingeteilt. Bewährt haben sich: der ‚Niedrige Hyacinthenrittersporn' *(Delphinium ajacis* L., *Nanum hyazinthiflorum* fl. pl.), 40 bis 50 cm hoch, frühblühend, Blüten in dichten Trauben stehend, und von den Feldrittersporen der ‚Hohe Gefüllte' *(Delphinium consolida* L.), bis 100 cm hoch, reich verzweigt, Blüten wie bei Levkojen zu dichten, langen Trauben vereint.

Voraussetzung für voll ausgebildete Blütenstände sind gehaltvolle, durchlässige Böden und warme, sonnige, windgeschützte Standorte. Die hohen Sorten sind häufig schon vor Beginn der Blüte windbeschädigt.

Ausgesät wird nicht zu tief auf 15 bis 25 cm Abstand an Ort und Stelle, und zwar entweder im Spätherbst vor dem Einfrieren des Bodens oder zeitig im Frühjahr. Die Samen keimen erst nach 15 bis 21 Tagen. Herbstaussaaten ergeben blühende Pflanzen im Juni, Frühjahrsaussaaten im Juli. Die Blühdauer beträgt 6 bis 8 Wochen.

Die hohen Sorten liefern schöne, 5 bis 7 Tage haltende Schnittblumen. Abgeschnittene ganze Pflanzen sind in großer Vase von prächtiger Wirkung. Die niedrigen Sorten nehmen sich in bunten Blumenbeeten sowie als selbständige Gruppen oder als geschlossene Pflanzung auf größeren Flächen in Parkanlagen recht gut aus.

Delphinium consolida L.

Bartnelke

Nelkengewächse

Dianthus barbatus L.

Caryophyllaceae

25–60 cm V–VII

Die Bartnelke, *Dianthus barbatus* L., stammt aus Südeuropa. Die Pflanzen bilden im ersten Jahr einen Schopf dunkelgrüner, kurzgestielter, lanzettförmiger Blätter, aus denen sich im folgenden Frühjahr 25 bis 60 cm lange Blütenstiele erheben. Die farbenfrohen und duftenden Blüten sind zu endständigen dichten, kopfigen Dolden vereint. Von der Art wurden zahlreiche ein- und mehrfarbige, niedrige und hohe sowie einfach- und gefülltblühende Sorten gezüchtet. Die Blumenfarbe ist weiß oder rot in den verschiedensten Schattierungen. Der Flor dauert 5 bis 8 Wochen. Es gibt auch Sorten, die, wenn sie im März ausgesät werden, noch im selben Jahr im August und September blühen.

Die Bartnelke wächst in jedem nährstoffreichen und kalkhaltigen Gartenboden an warmen, sonnigen Plätzen. Frischen Stalldung verträgt sie nicht.

Bartnelken werden Ende Mai in Frühbeetkästen oder auf ein sorgfältig bearbeitetes Saatbeet direkt ins Freie gesät. Obwohl die Pflanzen einige Jahre alt werden können, werden sie meist als Zweijahresblumen gezogen. Dreijährige und ältere Pflanzen wintern leicht aus und bringen nur kleinere Blumen auf kürzeren Stielen. Deshalb wird alljährlich neu ausgesät. Die vorkultivierten Pflanzen kommen von Mitte August bis Mitte September an ihren endgültigen Standort. Der Pflanzenabstand beträgt etwa 30 cm. Vor Kahlfrösten schützt man sie durch eine leichte Reisigdecke, und Hasen, die das Nelkenkraut mit Vorliebe fressen, hält man durch die Einzäunung der Beete fern.

Bartnelken wachsen seit dem Mittelalter in unseren Gärten. Sie sind als lange haltbare Schnittblumen beliebt. Als größere oder kleinere Gruppen können sie auch in bunten Blumenbeeten und auf Rabatten stehen.

Dianthus barbatus L.

Nelke

Nelkengewächse

Dianthus L.

Caryophyllaceae

35–70 cm VII–X

Durch Kreuzung von *Dianthus caryophyllus* L. mit zahlreichen anderen Arten wurde eine schier unübersehbare Menge von Sorten gewonnen, die als Einjahres- oder Zweijahresblumen angebaut werden. Am verbreitetsten und beliebtesten sind die bis 50 cm hohen Chabaud-Nelken, von denen es verschiedene Sorten gibt. Sie werden einjährig gezogen, remontieren sehr gut und blühen von Juli bis in den Herbst. Ihre gefüllten, wohlriechenden, 6 cm breiten Blüten sitzen auf langen, festen Stielen.

Die zu den Garten- oder Landnelken zählenden Gruppen, wie z.B. ‚Grenandin-Nelken' (die einfarbig blühen) und ‚Wiener Nelken', sind zweijährig. Manche Sorten stehen zwischen beiden Gruppen, so die mehrfarbige ‚Johannistag'. Alle sind frosthart und blühen reich; an einer Pflanze erscheinen bis zu 80 wohlriechende, fast gleichzeitig aufblühende, allerdings nur 4 bis 5 cm große Blumen. Blütezeit: Juni, Juli.

Als Einjahresblumen pflanzt man eine Reihe von Sorten der Chinanelke, *Dianthus chinensis* L. Diese, wie der Name sagt, aus China stammende Art ist von zarterem, stark verzweigtem Wuchs und wird 15 bis 40 cm hoch. Die Blüten sind 8 bis 9 cm breit, geruchlos, einfach oder gefüllt, häufig mehrfarbig, die Blütenblätter sind geschlitzt oder gefranst.

Zweijährige Nelken werden im Mai oder Juni gesät und im August auf Anzuchtbeete gebracht. Einjährige sät man im Januar, die einjährigen Sorten von *D. chinensis* im März. Man setzt sie schon Anfang Mai auf 30 bis 40 cm Abstand ins Freie.

Dianthus chinensis L.

Blaudolde

Doldengewächse

Didiscus DC.

Umbeliferae

60 cm VII–X

Die einzige in Kultur genommene Art dieser Gattung ist die aus Westaustralien stammende Blaudolde, *Didiscus caeruleus* (GRAH.) DC. (syn. *Trachymene caerulea* GRAH.). Die drüsig behaarte, nur wenig belaubte, bis 60 cm hohe Pflanze ist von sparrigem unregelmäßigem Wuchs, hat jedoch eine deutliche Hauptachse. Die unteren Blätter sind gestielt und handförmig geteilt, die oberen dreizählig und sitzend. Die himmelblauen Blüten, aus denen auffallende weiße Staubblätter herausragen, stehen in einfachen, etwas gewölbten, bis 10 cm breiten Dolden, die von festen, bis 50 cm langen Stielen getragen werden.

Die Blaudolde gedeiht am besten in leichten sandig-lehmigen Böden. Der Stand soll warm und sonnig sein. Nassen Untergrund verträgt sie nicht.

Ausgesät wird Anfang März ins halbwarme Frühbeet; Ende Mai kommen die Jungpflanzen an ihren endgültigen Standort. Sie wachsen besser an, wenn sie vorher in kleine Töpfe umgesetzt, also mit Ballen ausgepflanzt werden. Der Pflanzenabstand soll 20 bis 30 cm betragen.

Zu größeren oder kleineren Gruppen vereint, wirken die himmelblauen Blumen in bunten Blumenbeeten sehr hübsch und anmutig, ebenfalls in keramischen Gefäßen. Schneiden kann man die Blumen bei beginnender Blüte und während der Vollblüte, aber auch wenn sie abgeblüht sind, da die abgeblühten Dolden mit ihren von roten Stielen getragenen roten Samenkörnern dekorativ wirken.

Didiscus caeruleus DC.

Goldblume
Kapkörbchen

Korbblütengewächse

Dimorphotheca MOENCH

Compositae

30–40 cm VI–IX

Die ursprüngliche Heimat der Goldblume ist Südafrika. Die heute angebotenen Sorten, die unter dem Namen *Dimorphotheca sinuata* DC. (syn. *D. aurantiaca* hort. non DC.) in den Handel kommen, sind meist Hybriden. Die Pflanze ist stark verzweigt, sie hat einen etwas niederliegenden Wuchs und länglich-lanzettförmige, ungestielte, unregelmäßig gelappte Blätter. Stengel und Blätter sind mit winzigen Drüsenhaaren besetzt, die einen angenehmen intensiven Duft verbreiten, wenn man sie berührt. Die Blumen sind 6 bis 10 cm groß, sie bestehen aus einer dunklen Mittelscheibe und einem Kranz weißer bis orangegelber Zungenblüten. Auf einer Pflanze blühen 20 bis 40 Blüten, die sich in der Nacht schließen. Die bekanntesten Sorten sind ‚Tetra Polarstern', reinweiß, und ‚Tetra Goliath', tieforange, beide mit violettem Ring.

Goldblumen bevorzugen trockene, gut durchlässige lehmig-sandige Böden und warme, sonnige Plätze. Nasse Böden müssen unbedingt gemieden werden.

Da die Pflanzen das Umsetzen sehr schlecht vertragen, empfiehlt es sich, direkt an Ort und Stelle zu säen, nicht sehr tief, und dann auf 20 bis 25 cm Abstand zu vereinzeln. Bei langanhaltendem Regenwetter entwickeln sich die Pflanzen schlecht und gehen schließlich ein.

Die Goldblume ist eine unserer schönsten Einfassungspflanzen. Man fügt sie auch gern horstweise in bunte Blumenbeete ein oder pflanzt sie in Fugen von Trockenmauern oder auf trockene, sonnige Hänge. Am besten kommt die Goldblume auf größeren Flächen zur Geltung. Neuere Züchtungen, die große, seidig glänzende Blumenköpfchen auf langen Stielen haben, können auch als Schnittblumen verwendet werden. Im Zimmer schließen sich die Blumen nicht.

Dimorphotheca sinuata DC.

Mittagsblume

Mittagsblumengewächse

Dorotheanthus SCHWANT.

Aizoaceae

10 cm VI–VII

Von den in Südafrika beheimateten Arten dieser Gattung hat *Dorotheanthus bellidiformis* (BURM. f.) N. E. BR. (syn. *Mesembryanthemum criniflorum* [L. F.] SCHWANT.) großen Gartenwert. Sie ist eine niedrige, sich stark verzweigende niederliegende Pflanze mit rötlich angelaufenen, fleischigen Stengeln und lanzettartigen fleischigen Blättern. Die bis 5 cm breiten, den Korbblütlern ähnelnden Blumen sind weißrosa, lachsfarbig oder karminrot mit kleiner, dunkler Mitte, die von einem hellen Ring umgeben wird und auffallend blaue Staubblätter hat. Ein Exemplar kann bis 120 Blumen hervorbringen. In der Nacht und bei trübem Wetter bleiben die Blumen geschlossen.

Die Mittagsblume verlangt trockene, sandige Böden und warme, sonnige Standorte; Nässe verträgt sie nicht.

Ausgesät wird Ende April ins Frühbeet oder in Kästen. Sehr gut hat sich die Vorkultur in kleinen Töpfen bewährt. Die Jungpflanzen werden von Mitte Mai an, wenn keine Fröste mehr drohen, auf 20 bis 25 cm Abstand ausgepflanzt.

Dorotheanthus bellidiformis eignet sich ganz vorzüglich zur Bepflanzung von trockensten Plätzen, etwa von Fugen in Trockenmauern, von trockenen und sonnigen Hängen und Böschungen, von Spalten zwischen Stein- oder Zementplatten auf Terrassen und von keramischen Gefäßen. Man verwendet sie auch als Steingartenpflanze.

Dorotheanthus bellidiformis N. E. BR.

Goldmohn

Mohngewächse

Eschscholzia californica CHAM.

Papaveraceae

30–40 cm VI–X

Von den vielen, häufig auch ausdauernden Arten der über den ganzen Westen Nordamerikas verbreiteten Gattung *Eschscholzia* ist für uns lediglich die in Kalifornien beheimatete, sehr veränderliche *Eschscholzia californica* CHAM. von Bedeutung. Die reich verzweigte Pflanze hat silbriggrüne, fiederartig geschlitzte Blätter von großer Schmuckwirkung. Die Blumen werden von hohen Stengeln getragen, sie sind 5 bis 8 cm breit und blühen verhältnismäßig schnell ab, es erscheinen jedoch immer wieder neue. Diese Blütenpracht läßt sich kaum beschreiben, besonders im Sonnenlicht ist die Farbwirkung einzigartig. Es gibt zahlreiche Sorten mit leuchtend weißen, rosafarbenen, karminroten, feuerroten, gelben und orange Blüten sowie einfach- und gefülltblühende und solche mit gekrausten und gefältelten Kronblättern. Die Blüten öffnen sich nur bei schönem Wetter.

Eschscholzien gedeihen gut auf trockenem, etwas sandigem Boden, sie brauchen eine freie, sonnige Lage. Der Boden darf nicht sehr nährstoffreich sein, man dünge daher auch nur behutsam. Wie alle Mohngewächse haben die Eschscholzien derbe, tief in den Boden eindringende Pfahlwurzeln; sie lassen sich selbst im Jugendstadium nicht verpflanzen. Man sät daher im März an Ort und Stelle. Auch Herbstaussaat, die bereits Ende Mai blühende Pflanzen ergibt, hat sich bewährt. Die Sämlinge müssen rechtzeitig auf 20 bis 30 cm Abstand vereinzelt werden.

Man streut Eschscholzien in bunte Blumenbeete oder verwendet sie für Einfassungen. Sehr gute Ergebnisse kann man auf neu angelegten Flächen erzielen; mit geringem Kostenaufwand erhält man einen den ganzen Sommer blühenden Teppich. Eschscholzien sind auch für sonnige Hänge und Böschungen gut verwendbar.

Eschscholzia calfornica CHAM.

Kokardenblume

Korbblütengewächse

Gaillardia pulchella FOUG.

Compositae

20–70 cm VII–X

Die aus Mittel- und Nordamerika stammende *Gaillardia,* bekannt unter dem Namen Kokardenblume, verzweigt sich bereits vom Boden an buschartig und erreicht je nach der Sorte eine Höhe von 20 bis 60 cm. Die Blätter sind graugrün, rauhhaarig, lineallanzettförmig. Die Blüten erscheinen auf langen, festen Stielen, sie sind meist zweifarbig, gelb bis rotbraun. Bei den einfachblühenden Sorten ist die Mittelscheibe zunächst orangefarben, später dunkelbraun. Eindrucksvoll sind die gefülltblühenden Sorten, vor allem ‚Lorenziana plena'. Ihr kugeliges, bis 6 cm breites Köpfchen ist ausschließlich aus stark zerschlitzten, hell- bis dunkelgelben oder gelbgesäumten scharlach- bis bräunlichroten Röhrenblüten zusammengesetzt.

Man gibt der Gaillardia einen warmen, sonnigen Standort. Der Boden soll durchlässig und nährstoffreich sein. Auf schweren, nassen Böden gehen die Pflanzen meistens ein. Schwache Fröste schaden den Blüten nicht.

Die Aussaat nimmt man in der zweiten Märzhälfte oder Anfang April ins Frühbeet vor. Die Sämlinge werden zunächst pikiert und dann Mitte Mai im Abstand von 30 bis 40 cm ausgepflanzt. Verblühte Blumen sollen laufend entfernt werden.

Im Garten wird die Gaillardia am besten auf bunten Sommerblumenbeeten in geschlossener Pflanzung verwendet. Besonders die gefülltblühenden Sorten bieten ein herrliches Bild. Ein einziges Exemplar liefert bis 50 schöne Schnittblumen, die in der Vase 5 bis 8 Tage frisch bleiben.

Gaillardia pulchella FOUG.

Gazanie
Mittagsgold

Korbblütengewächse

Compositae

Gazania GAERTN.

20–30 cm VI–X

Durch Kreuzung einiger in Südafrika heimischer Arten der Gattung *Gazania,* wie *G. longiscapa* und *G. rigens* (syn. *splendens),* wurden eine Reihe von Sorten gezüchtet, die meist als Mischung unter der Bezeichnung *Gazania*-Hybriden angeboten werden. Die lanzettförmigen, manchmal etwas gelappten, oberseits kahlen und unterseits weißfilzigen Blätter bilden eine Rosette, aus der sich die 7 bis 9 cm breiten Blütenköpfe auf steifen, glatten, aber ziemlich brüchigen Stielen erheben. Die Farbskala der Zungenblüten reicht von Weißgelb über Strohgelb, Sattgelb und Orange bis zu lebhaftem Rot und Rotbraun. Die Scheibe ist meist dunkel gefärbt und zeigt um die Mitte eine dunklere, silbrig oder bläulich gepunktete Ringzone.

Gazanien brauchen zu ihrem Gedeihen nährstoffreichen, durchlässigen Boden und einen warmen, sonnigen Standort. Leichte Frühjahrsfröste richten meist keinen Schaden an.

Die Aussaat erfolgt im März in Kästen. Die Pflanzen vertragen das Umsetzen sehr gut. Ausgepflanzt wird auf 30 cm Abstand, mit Vorliebe als Nachpflanzung auf leer gewordene Beete, auf denen Zwiebelgewächse blühten oder frühblühende Zweijahresblumen standen. Am besten eignen sich Gazanien zur Bepflanzung großer Flächen. Auch für Einfassungen, bunte Blumenbeete, sonnige Hänge, Fugen von Trockenmauern, Balkonkästen und große keramische Gefäße sind sie sehr gut geeignet.

Gazania rigens

Godetie
Atlasblume

Godetia SPACH

Nachtkerzengewächse

Onagraceae

20–40 cm VII–VIII

Die heute angebotenen Sorten sind das Ergebnis von Kreuzungen verschiedener, im einzelnen nicht mehr bekannter, aus Amerika stammender Arten. Sie sind alle reich verzweigt und kompakt im Wuchs und blühen in einer breiten Skala leuchtender Farben. Die Blüten sind 6 bis 10 cm breit. Es gibt niedrige, mittelhohe und hohe sowie einfach- und gefülltblühende Sorten. Zur Hauptblütezeit sind die Pflanzen über und über mit Blüten bedeckt, so daß man die Blätter nicht bemerkt. Die Blütenstände einiger Sorten sehen denen von Azaleen ähnlich, weshalb die Godetien auch Sommerazaleen genannt werden.

Godetien nehmen mit jedem nicht zu feuchten und nicht zu nährstoffreichen Gartenboden vorlieb, verlangen jedoch einen warmen, sonnigen Standort.

Ausgesät wird im März an Ort und Stelle oder ins Frühbeet. Bei Direktaussaat muß man darauf achten, daß die Samen nicht zu tief in den Boden kommen. Wichtig ist, daß die Pflanzen je nach der Sorte einen Abstand von 20 bis 40 cm haben. Die Blütezeit kann man durch Folgeaussaaten oder durch das Entspitzen der Jungpflanzen verlängern.

Es kann kaum einen blendenderen Anblick geben als von der Sonne durchleuchtete Godetien. Deshalb setzt man sie gern in bunte Blumenbeete oder in farbige Sommerblumenrabatten, deren Buntheit wesentlich gesteigert wird; man verwendet sie gewöhnlich als Gruppen. Die höheren Sorten dienen auch der Schnittblumengewinnung. Die einzelnen Blüten blühen schnell ab, aber in der Vase öffnen sich fast alle Knospen.

Godetia grandiflora LINDL.

Schleierkraut

Nelkengewächse

Gypsophila L.

Caryophyllaceae

15–50 cm VI–VII

Die Heimat des Schleierkrauts liegt im östlichen Mittelmeergebiet, in Klein- und Zentralasien. Die meisten Arten sind ausdauernde Kräuter, nur einige wenige sind einjährig. Von den einjährigen haben nur zwei Gartenwert: die im Kaukasus und Kleinasien heimische *Gypsophila elegans* M. B. und die aus Europa und Kleinasien stammende *G. muralis* L. *G. elegans* bildet aufrechte, bis 50 cm hohe lockere Büsche, die mit kleinen, 1,5 cm breiten, regelmäßig fünfzähligen Blüten übersät sind. Ihrem lockeren, nach der Periferie zu immer feiner werdenden Wuchs verdankt die Pflanze den Namen Schleierkraut. Die schmallanzettförmigen Blätter sehen Nelkenblättern ähnlich. Blütenfarbe: weiß, rosa oder rot. Am verbreitetsten ist die reinweiß blühende Sorte ‚Schneekönigin'. Vereinzelt wird auch die Art *G. muralis* L. angeboten. Sie sieht der vorstehenden ähnlich, wird jedoch nur 10 bis 15 cm hoch und ist mit winzigen hellpurpurnen oder weißen Blüten besät. Der in die Monate Juni und Juli fallende Flor beider Arten ist ziemlich kurz, er dauert nur 4 bis 5 Wochen. Man kann ihn jedoch durch Folgeaussaaten bis Ende September verlängern.

Am besten gedeiht das Schleierkraut auf durchlässigen, lehmig-sandigen, kalkhaltigen Böden in trockenen, sonnigen Lagen. Es verträgt auch übermäßige Trockenheit sehr gut, bei andauernder Feuchtigkeit fault es leicht.

Ausgesät wird im April an Ort und Stelle auf 20 bis 30 cm Entfernung. Die niedrigen Sorten sät man vor allem in den Steingarten, z.B. in Fugen von Trockenmauern. Die hohen verwendet man als Schnittblumen. In der Vase halten die Sträuße etwa 5 Tage.

Gypsophila elegans M. B.

Sonnenblume

Korbblütengewächse

Helianthus L.

Compositae

40–300 cm VII–IX

In Amerika, der Heimat der Sonnenblume, gibt es eine ganze Reihe einjähriger und ausdauernder natürlicher Arten. Die einjährige *Helianthus annuus* L. wird heute in einer beträchtlichen Anzahl von Sorten angeboten, von denen folgende einfache genannt seien: ‚Abendsonne', 200 cm hoch, rostrot mit gelben Spitzen und ‚Uniflorus', reingelb, dunkle Mitte, 300 cm. Gefüllt ist z.B. ‚Nanus plenus' – Sonnenkuß (Sunkist), 60 cm hoch, goldgelb. – Die Vielblumige Sonnenblume, *H. debilis* NUTT., ist niedriger und stärker verzweigt und hat kleinere, zartere Blätter als *H. annuus.* Die mittelgroßen Blumenköpfe sind gelb bis bräunlichrot; die meist kleine, aber auffallende Mittelscheibe wird von einem Kranz langer, zungenförmiger Randblüten umgeben.

Zu ihrem guten Gedeihen braucht die Sonnenblume vor allem nährstoffreichen Untergrund und einen warmen, sonnigen Standort. Der Boden soll im Herbst gut mit Kompost und während der Vegetation, bevor die Pflanzen zu blühen beginnen, mehrmals zusätzlich mit Mineraldünger versorgt werden. Die hohen Sorten benötigen Windschutz.

Man legt im April an Ort und Stelle, am besten in 40 bis 70 cm Abstand mehrere Samenkörner horstweise aus. Später läßt man von den Sämlingen den kräftigsten stehen.

Die Sonnenblume findet als Zierpflanze vielseitige Verwendung. Sie eignet sich auch zur Anlage lebender Zäune, zur Verkleidung von Mauern, zur Abgrenzung und Einteilung größerer Flächen u.a.m.; ferner kann sie als Solitärpflanze verwendet werden. Geschnittene Blumen wirken gut in großen Vasen, sie sind in Schaufenstern und Ausstellungsräumen besonders dekorativ.

Helianthus annuus L.

Strohblume Sonnengold

Korbblütengewächse

Helichrysum GAERTN.

Compositae

40–90 cm VII–X

Von den zahlreichen einjährigen und ausdauernden Arten dieser Gattung wird die Gartenstrohblume, *Helichrysum bracteatum* (VENT.) WILLD. (syn. *H. monstrosum* hort.), bei uns einjährig angebaut. Sie wird bei schlankem, aufrechtem, baumartig verzweigtem Wuchs bis 100 cm hoch.

Die Seitenstengel sind fest und werden bis 45 cm lang. Die Blüten sind 5 bis 8 cm breit und erscheinen auf gut entwickelten Pflanzen in einer Anzahl von 15 bis 30 Exemplaren; sie haben eine von mehreren Reihen trockenhäutiger Hüllblätter umgebene Scheibe. Es gibt zahlreiche Sorten in Weiß, Rosa, Rot, Purpurn, Violett und Goldbraun.

Die Strohblume ist mit jedem Gartenboden zufrieden, bevorzugt jedoch durchlässigen Untergrund. Der Standort soll sonnig und windgeschützt sein.

Die Aussaat erfolgt Ende März oder Anfang April, möglichst dünn in das Frühbeet. Ende Mai bringt man die vorkultivierten Pflanzen an ihren endgültigen Standort. Der Abstand zwischen den einzelnen Pflanzen soll 20 bis 30 cm betragen.

Für bunte Blumenbeete und Rabatten benutzt man die niedrigen Sorten; die hohen finden als Schnittblumen Verwendung. Die zum Trocknen bestimmten Blumen schneidet man, ehe sie sich voll entfalten, so ab, daß jede Blume einen etwa 20 cm langen Stiel behält, und trocknet sie hängend in kleinen Bündeln an einem schattigen, aber luftigen Ort. Auch frisch geschnittene Blumen wirken in der Vase attraktiv.

Helichrysum bracteatum (VENT.) WILLD.

Sonnenflügel

Korbblütengewächse

Helipterum DC.

Compositae

45–55 cm VI–IX

Als Gartenblume kommt vor allem *Helipterum roseum* (HOOK.) BENTH. (syn. *Acroclinium roseum* HOOK.), von dem es weiß-, rosa- und rotblühende Sorten gibt, in Betracht. Sehr beliebt sind die gefüllten *Helipterum,* etwa die Sorten ‚Grandiflorum rubrum‘ und ‚Großblumige Spielarten‘; letztere bringt große Blumen in allen Farben. Unmittelbar oberhalb des Bodens verzweigen sich die Pflanzen stark und bilden ansehnliche Büsche. Blätter: linealisch, sitzend, hellgrün, Stengel bis 40 cm lang, Blumenköpfchen: 4 bis 5 cm im Durchmesser. Häufig wird auch die etwas niedrigere, nur etwa 30 cm hohe, ebenfalls stark verzweigte Art *Helipterum manglesii* (LINDL.) F. V. MUELL., von der es rosa- und weißblühende Varietäten gibt, angebaut. Ihre kleinen, zierlichen Blumenköpfchen sitzen auf dünnen, aber festen Stielen.

Beide Arten verlangen durchlässigen, humosen, etwas sauren Boden und warme, sonnige Lagen. Bei starkem Kalkgehalt des Bodens gehen sie ein. Am günstigsten ist die Aussaat Ende März ins Frühbeet oder in Kästen. In der zweiten Maihälfte werden die vorkultivierten Pflanzen, die das Umsetzen sehr gut vertragen, im Abstand von 20 bis 30 cm ausgepflanzt. Im Freien müssen sie durch einen Drahtzaun vor Kaninchen und Hasen geschützt werden.

In ihrer Verwendung gleichen die beiden Arten der Strohblume, *Helichrysum bracteatum.* Man schneidet sie als Vasenblume, und verwendet sie frisch und getrocknet. Zum Trocknen bündelt man die geschnittenen Blumen und hängt sie an einen luftigen, schattigen Platz. Als Immortellen für Wintersträuße und Gebinde sind sie vorzüglich geeignet.

Helipterum roseum (HOOK.) BENTH.

Schleifenblume

Kreuzblumengewächse

Iberis L.

Cruciferae

30 cm VI–VIII

Von der in Südeuropa heimischen Bitteren Schleifenblume, *Iberis amara* L. (syn. *I. coronaria* hort.) gibt es einige Sorten. Die beliebteste ist ‚Hyazynthenblütig weiß'. Sie ist von aufrechtem Wuchs und hat steife, unregelmäßig buchtig gezähnte Blätter. Die kleinen, angenehm riechenden, leuchtendweißen Blüten sind in üppigen Trauben angeordnet, die sich während der Blüte verlängern. An jeder Pflanze zählt man 6 bis 9 etwa 10 cm lange Trauben. – Die Doldenblütige Schleifenblume. *I. umbellata* L., bildet etwa 30 cm hohe und ebenso breite, halbkugelige Büsche mit schmalen weidenartigen Blättern. Im Gegensatz zur vorigen Art verlängern sich die schirmförmigen Doldentrauben während der Blüte nicht. Wenn die Pflanze in voller Blüte steht, ist sie mit Blumen übersät. Es gibt zahlreiche Sorten in Weiß, Karminrot, Rosa, Hell- und Purpurviolett.

Am besten gedeihen Schleifenblumen in warmen, sonnigen Lagen auf lehmig-sandigem Boden.

Die Vermehrung geschieht durch Direktaussaat zeitig im Frühjahr oder im März durch Aussaat ins Frühbeet. Die vorkultivierten Pflanzen pflanzt man Mitte Mai auf 20 bis 30 cm Abstand an ihren endgültigen Standort. Bei Direktaussaat wird auf dieselbe Entfernung vereinzelt.

Schleifenblumen werden auf bunten Sommerblumenbeeten oder als geschlossene Pflanzung angebaut. In Balkonkästen und im Topf sowie in keramischen Gefäßen nehmen sie sich ebenfalls sehr hübsch aus. *I. amara* ist außerdem eine gute Schnittblume. Sie bleibt in der Vase 7 bis 10 Tage frisch.

Iberis umbellata L.

Balsamine
Rührmichnichtan

Balsaminengewächse

Impatiens L.

Balsaminaceae

20–200 cm VI–IX

Die 20 bis 60 cm hohe Gartenbalsamine, *Impatiens balsamina* L. (syn. *Balsamina hortensis* DC.) stammt aus Ostindien. Ihre dicken, fleischigen, meist rötlich überlaufenden Stengel sind knotig gegliedert, die Blätter unbehaart. Die Blüten stehen auf kurzen Stielen in den Blattachseln. Es gibt einfach- und gefülltblühende, und zwar weiße, gelbe, rote und purpurfarbene Sorten. – Die Drüsentragende Balsamine, *Impatiens glandulifera* ROYLE (syn. *I. roylei* WALP.), hat ebenfalls dicke, fleischige Stengel, wird jedoch bis zu zwei Meter hoch. Ihre lachsfarbenen, purpur- oder weinroten Blüten sind 3 bis 4 cm breit und stehen in lockeren Rispen. – *Impatiens walleriana* HOOK. f. (syn. *I. holstii,* ENGL. et WARB., *I. sultanii* HOOK. f.), die wegen ihrer zahlreichen, ununterbrochen bis in den Spätherbst erscheinenden Blüten Fleißiges Lieschen genannt wird, ist eine 15 bis 40 cm hohe Pflanze von breit ausladendem Wuchs.

Der *I. balsamina* und *I. glandulifera* gibt man gute nährstoffreiche Erde und einen warmen, sonnigen Platz, *I. walleriana* gedeiht dagegen besser im Halbschatten. Besonders große und schöne Blüten erzielt man durch zusätzliches Düngen.

I. balsamina und *I. walleriana* werden im März in Kästen gesät und im Mai auf 20 bis 35 cm Abstand ausgepflanzt. *I. glandulifera* vermehrt man durch Direktaussaat Ende April. Der Pflanzenabstand beträgt ebenfalls 20 bis 35 cm. Alle Balsaminen sind sehr frostempfindlich.

Die niedrigen Sorten werden für Rabatten und Einfassungen oder als Balkonpflanzen verwendet. Mittelhohe und hohe Sorten wirken am besten in bunten Blumenbeeten oder als geschlossene Gruppen, dienen jedoch auch zum Verkleiden von Mauern und Zäunen. Für Balkon- und Fensterkästen an der Nord- und Ostseite der Gebäude ist *I. walleriana* geeignet, sie bringt dort ihren langen, schönen Flor.

Impatiens balsamina L.

Prunkwinde Trichterwinde

Windengewächse

Ipomoea L.

Convolvulaceae

200–500 cm VI–IX

Von den zahlreichen, meist ausdauernden Arten dieser Gattung werden einige als einjährige Gartenblumen gezogen. Sie gehören zu den schönsten Kletterpflanzen unserer Gärten. Die Staude *Ipomoea nil* (L.) ROTH (syn. *Pharbitis nil.* L. CHOISY) wird als Sommerblume angebaut. Sie hat 5 bis 8 cm breite, blaue, violette, rosa oder purpurrote Blüten. – Am wenigsten anspruchsvoll ist *I. purpurea* (L.) ROTH (syn. *Pharbitis purpurea* L. [VOIGT]). Ihre Blüten öffnen sich bei Tagesanbruch. – Die schönsten Sorten stammen von *I. violacea* (syn. *I. tricolor* CAV., *Pharbitis rubro-coerulea* CHOISY). Ihre 8 bis 10 cm breiten, verschiedenfarbigen Trichterblüten haben einen weißen Schlund und in der Mehrzahl der Fälle auch einen weißen Kronsaum. Bei einigen Sorten ändert sich die Blütenfarbe im Laufe des Tages. Sie ist am Morgen beim Öffnen der Blüten rot und wird später himmelblau. 3 bis 5 Blüten stehen an einem Stiel.

Entsprechend ihrer Herkunft aus den tropischen Gebieten Amerikas brauchen Trichterwinden einen warmen, sonnigen, windgeschützten Standort. Sie gedeihen in jedem Gartenboden, doch sind sie kälteempfindlich. Lediglich *I. purpurea* ist etwas widerstandsfähiger.

I. purpurea kann man im April oder Mai direkt ins Freie säen. Man wählt einen Pflanzenabstand von 30 cm. Alle anderen Arten werden im März oder April ins Frühbeet gesät und Ende Mai ausgepflanzt.

Die Trichterwinde ist eine der hübschesten Sommerblumen, geeignet z.B. für Balkone, Lauben, Pergolen, Mauern und Gitter. Sie ist sehr schnellwüchsig und bedeckt in kurzer Zeit große Flächen. Man muß ihr jedoch Stützen geben, damit sie klettern kann.

Ipomoea tricolor CAV.

Sommerzypresse
Besenkraut

Gänsefußgewächse

Kochia ROTH

Chenopodiaceae

80–100 cm VIII–IX

Als Zierpflanze kommt lediglich die Art *Kochia scoparia* (L.) SCHRAD., bekannt unter dem Namen Besenkraut, in Betracht. Man zieht sie wegen ihres reizenden, ornamentalen Wuchses und ihrer zarten Belaubung. Die Blüten sind unansehnlich. Die sehr schnellwüchsige, stark verzweigte Pflanze wird 80 bis 100 cm hoch. Die Belaubung ist sehr dicht, die schmallinealischen Blätter sind lebhaft grün. Angebaut werden zwei Sorten, die manchmal als Varietäten bezeichnet werden: ‚Trichophylla' (syn. var. *trichophylla* [VOSS.] BOOM) hat lebhaft grünes Laub, das sich im Herbst prächtig purpurrot verfärbt, daher der Name Feuerbusch, während die Blätter von ‚Childsii' (syn. var. *childsii* KRAUS) auch im Herbst grün bleiben.

Die Sommerzypresse ist in bezug auf den Boden nicht wählerisch, will aber einen warmen, vollsonnigen Standort haben. Sie gedeiht auch auf armen oder durch Bauarbeiten devastierten Böden, wenn für Nährstoff- und Wassergaben gesorgt wird.

Die Anzucht erfolgt mühelos durch Aussaat an Ort und Stelle im April. Der Pflanzenabstand beträgt 40 bis 80 cm. Kochien vertragen das Umsetzen sehr gut; man kann sie daher auch als Ballenpflanzen oder in Töpfen vorkultivieren.

Sommerzypressen verwendet man vorwiegend zur Einteilung oder Abgrenzung von Beeten und zur Betonung bestimmter Punkte in Sommerblumenpflanzungen. Durch Schnitt kann man den Pflanzen alle möglichen Formen geben und sie auch als niedrige geschnittene Hecken verwenden. Gern werden Sommerzypressen in große Töpfe oder keramische Gefäße gesetzt; im Freien oder in Räumen wirken sie dann sehr dekorativ.

Kochia scoparia var. *trichophylla* (VOSS.) BOOM.

Hasenschwanzgras Sammetgras

Süßgräser

Lagurus L.

Graminae (alt. *Poaceae*)

20–40 cm VII–IX

Die Gattung *Lagurus* umfaßt nur eine einzige Art: das im Mittelmeergebiet heimische Sammetgras, *Lagurus ovatus* L., das bei uns als Ziergras angebaut wird. Die ganze Pflanze ist weich behaart. Die schmalen Blätter bilden dichte Polster, aus denen sich die eiförmigen bis länglich-zylindrischen, weißwolligen Scheinähren erheben. Sie sehen in ihrer Form und infolge der weichen Behaarung wie Hasenschwänzchen aus. Zunächst sind sie weißlichgrün, später werden sie hellgrau. Durch Folgesaaten und Abschneiden der Blütenstände kann die Blütezeit über den ganzen Sommer bis in den Spätherbst ausgedehnt werden; eine Pflanze kann bis 35 Ähren hervorbringen.

Sammetgras wächst auf jedem Gartenboden, es braucht jedoch Sonne. Ausgesät wird im April ins Frühbeet; Mitte Mai werden die vorkultivierten Pflanzen auf 30 cm Abstand an den vorgesehenen Platz gesetzt. Auch Direktaussaat ist möglich; jedoch erhält man dann keinen einheitlich blühenden Bestand.

Sammetgras baut man in erster Linie zur Schnittblumengewinnung an. Sowohl frischgeschnittene Blüten als auch getrocknete sind ein hübscher Vasenschmuck, vor allem mit anderen Trockenblumen zusammen. Man kann dieses Ziergras auch horstweise in bunte Blumenbeete einstreuen.

Lagurus ovatus L.

Platterbse
Wicke

Schmetterlingsblütengewächse

Lathyrus L.

Leguminosae

30–100–150 cm VI–VIII

Die aus Süditalien und Sizilien stammende, wohlriechende Wicke, *Lathyrus odoratus* L., ist eine Einjahresblume, die an Stützen 100 bis 150 cm emporklettert. Von der Stammform wurde eine Fülle guter Sorten in allen Farben (außer Gelb) gezüchtet. Die meisten heute angebauten Sorten tragen auf langen, festen Stielen 4 bis 8 große, Blüten. Außerdem wurden verhältnismäßig niedrige (30 bis 50 cm hohe), sehr reichblütige Sorten gezüchtet, denen man keine Stütze geben muß. Nach dem Wuchscharakter, der Blütezeit, der Blütengröße und dem Blütenreichtum unterscheidet man einige Gruppen, von denen jede zahlreiche Farbsorten umfaßt. Die Blütezeit ist sehr unterschiedlich und hängt von der Aussaatzeit, der Witterung und der Ernährung der Pflanze ab. Im April ausgesäte Wicken beginnen Mitte Juni zu blühen. Der Flor dauert etwa zwei Monate lang.

Edelwicken lieben vollsonnige, nicht zugige Lagen. Um sich üppig zu entwickeln, bedürfen sie eines mittelschweren, nährstoffreichen, durchlässigen Bodens.

Die Aussaat erfolgt Ende März oder Anfang April an Ort und Stelle. Einen sehr frühen Flor kann man durch Vorkultur in kleinen Töpfen erreichen. Die verblühenden Blüten sind möglichst bald abzuschneiden, damit sich kein Samenansatz bildet.

Man benutzt die Edelwicke gern zum Beranken von Gartenlauben, Zäunen, Geländern und ähnlichem. Der Liebhaber ohne Garten kann diese wohlriechende und schöne Einjahresblume auch im Balkon- oder Fensterkasten ziehen. In erster Linie ist die Edelwicke jedoch eine Schnittblume. An einer Pflanze erscheinen mehr als hundert Blüten. Die Schnittblumen halten sich in der Vase 4 bis 6 Tage.

Lathyrus odoratus L.

Widerstoß Meerlavendel Statice

Bleiwurzgewächse

Plumbaginaceae

Limonium MILL.

40–90 cm VI–X

Die aus Nordafrika stammende Art *Limonium bonduellii* (LESTIB.) O. KUNTZE (syn. *Statice bonduellii* LESTIB.) bildet mit ihren grundständigen leierförmigen Blättern Rosetten, denen mehrere kantige, verzweigte Blütenschäfte entsteigen. Die Blüten sind zu oft 6 cm langen Wickeln angeordnet. Die vergängliche Krone und der haltbare Kelch sind gelb. – Im Unterschied zu dieser Art hat *L. sinuatum* (L.) MILL. (syn. *S. sinuata* L.) abfallende weiße Kronblätter und einen haltbaren blauvioletten, rosavioletten oder weißen Kelch. Seine Blätter sind ledrig. Die reichverästelten, geflügelten Stengel werden bis 90 cm lang. Die Blütezeit erstreckt sich von Juli bis in den Herbst. – *L. suworowii* (REGEL) O. KUNTZE (syn. *S. suworowii* REGEL) aus Westturkestan hat hellgrüne, etwas blasige Blätter und erreicht eine Höhe von 40 bis 60 cm. Die kleinen rosaroten Blüten sitzen dicht gedrängt in bis zu 35 cm langen Ähren. Blütezeit: Juli bis Ende August. – Der bekannte Strandflieder, *L. vulgare* MILL., ist eine Staude, gehört also nicht hierher.

Die Staticen wachsen an jedem Standort, wenn er nur sonnig. ist. Der Boden soll warm, durchlässig, nicht zu schwer und vor allem kalkhaltig sein. Frischen Stalldung vertragen die Pflanzen nicht.

Die Aussaat erfolgt Anfang März ins Frühbeet. Es empfiehlt sich, die Samen über Nacht in lauwarmem Wasser vorquellen zu lassen, damit sie schneller und gleichmäßiger aufgehen. Mitte Mai wird ausgepflanzt. Für *L. suworowii* wählt man 30 cm Abstand, für die anderen Arten 40 cm.

Alle Arten sind für die Trockenbinderei sehr wertvoll; man kann sie aber auch für frische Sträuße verwenden. Horstweise in bunte Blumenbeete eingestreut, kommt *L. suworowii* sehr gut zur Geltung.

Limonium suworowii O. KUNTZE

Leinkraut

Braunwurzgewächse

Linaria L.

Scrophulariaceae

20–40 cm VI–VII

Die Gattung umschließt zahlreiche einjährige und ausdauernde, über ganz Europa verbreitete Arten. Die meisten heute angebauten Sorten sind aus vielfachen Kreuzungen hervorgegangen. Zu den Ausgangsarten gehören *Linaria bipartita, L. maroccana* und *L. reticulata.* Es gibt Sorten mit weißen, rosaroten, roten, gelben, violetten und zweifarbigen Blüten. Im Handel werden vor allem Farbmischungen angeboten. Die Pflanzen bilden aufrechte, stark verzweigte Büsche. Die Blätter sind sitzend, hellgrün, schmallinealisch, die zahlreich erscheinenden Blüten sind klein und sehen dem Löwenmäulchen ähnlich.

Das Leinkraut wächst in sonniger Lage auf jedem Gartenboden. Da die Pflanzen das Umsetzen nur schlecht vertragen, sät man direkt ins Freie, und zwar horstweise oder breitwürfig von Anfang März bis Mitte Mai. Durch gestaffelte Aussaat verlängert man die Blütezeit. Da die Samen winzig klein sind, werden sie nur angedrückt und nicht mit Erde bedeckt. Wenn sie zu tief in die Erde kommen, gehen sie oft gar nicht auf. Bei zu dichter Aussaat muß ausgedünnt werden; man kann jedoch die Sämlinge büschelweise nebeneinander stehen lassen, damit die Pflanzen dichte, bunte Blütensträuße bilden.

Man sät die farbenfrohen Blumen in Fugen von Trockenmauern, in bunte Blumenbeete und auf freie Plätze im Steingarten. Bei geschlossenem Anbau, vor allem auf Rabatten, bilden sie attraktive Blütenteppiche.

Linaria bipartita WILLD.

Lein

Leingewächse

Linum L.

Linaceae

40–50 cm VII–IX

Als einjähriges Ziergewächs kommt lediglich der aus Nordafrika stammende Großblütige Lein, *Linum grandiflorum* DESF., in Betracht. Er bildet zierliche, stark verzweigte, mit kleinen lanzettförmigen, frischgrünen Blättern bekleidete Büsche. Leinbestände wirken dank ihrer schönen Belaubung schon vor dem Öffnen der Blüten anziehend. Die regelmäßigen Blüten sind weit geöffnet, etwa 4 cm breit, leuchtend karminrot oder weiß und am Grund dunkeläugig. Die einzelne Blüte welkt rasch, aber ebenso schnell erscheinen neue. Eine Pflanze bringt bis zu 400 Blüten hervor, so daß sich die Blütezeit von Anfang Juli an über den ganzen Sommer erstreckt.

Der Lein ist eine anspruchslose Pflanze, die an warmen, sonnigen Standorten auf jedem Gartenboden gedeiht. Im April sät man horstweise oder breitwürfig an Ort und Stelle aus. Später wird auf etwa 20 cm verzogen.

Man kann den Großblütigen Lein in bunte Blumenbeete einstreuen oder zur Bepflanzung großer Flächen verwenden. Die leuchtende Blütenfarbe zieht die Aufmerksamkeit des Beschauers schon von weitem auf sich. Gut geeignet ist der Lein auch zur provisorischen Begrünung größerer, noch unbeabeiteter Flächen in Parkanlagen und Neusiedlungen.

Linum grandiflorum DESF.

Lobelie

Glockenblumengewächse

Lobelia L.

Campanulaceae

10–25 cm VI–IX

In der artenreichen Gattung der Lobelien ist die in ihrem Heimatland, in Südafrika, ausdauernde, bei uns jedoch einjährig kultivierte *Lobelia erinus* L. für den Garten die wichtigste. Die auch unter dem Namen Männertreu bekannte Zierpflanze bildet geschlossene, halbkugelige, vielfach verzweigte, stark belaubte Büsche. Die Blätter sind langgestreckt und gezähnt. Die überhängenden Formen haben bis 30 cm lange Stengel. Es gibt weißblühende und rotblühende Sorten; am verbreitetsten sind jedoch die blaublühenden. Die Blüten öffnen sich meistens schon im Frühbeet oder bald nach dem Auspflanzen. Die Blütezeit erstreckt sich über den ganzen Sommer bis zum Eintritt des Frostes. Um bis in den Herbst einen reichen Flor zu haben, ist es allerdings nötig, die Pflanzen stark zurückzuschneiden, sobald die meisten Blüten abgeblüht sind.

Den Ansprüchen der Lobelien entspricht ein leichter, durchlässiger Boden in warmer, sonniger Lage. Sorten mit hängenden Trieben vertragen auch Halbschatten. Auf sehr nährstoffreichem oder zu feuchtem Boden wachsen die Pflanzen schlecht und treiben nur wenige Blüten.

Die Aussaat der sehr feinen Samen erfolgt im Februar oder März in Kästen. Dabei ist zu beachten, daß der Samen nicht mit Erde bedeckt werden darf. Die aufgehenden Sämlinge sind verhältnismäßig klein, und es werden daher meist mehrere gemeinsam als kleine Büschel pikiert. An Ort und Stelle bringt man die Pflanzen erst Ende Mai. Der Abstand von Pflanze zu Pflanze beträgt 15 bis 20 cm. Lobelien vertragen das Umsetzen sehr gut. Man kann sie daher auch während der Blüte verpflanzen und in größeren Töpfen ziehen.

Die Lobelie eignet sich vorzüglich zur Einfassung von Blumenbeeten, zur Bepflanzung von Rabatten, zur gruppenweisen Verwendung in bunten Blumenbeeten und für keramische Gefäße. Für Terrassen und Balkonkästen wählt man Sorten mit hängenden Blütentrieben, sogenannte Ampellobelien.

Lobelia erinus L.

Lobularie
Duftsteinrich

Kreuzblütengewächse

Lobularia DESV.

Cruciferae

8–25 cm V–X

Lobularia maritima (L.) DESV. (syn. *Alyssum maritimum* [L.] LAM.) ist eine Pflanze des Mittelmeergebietes. Sie bildet 15 bis 25 cm hohe, reichblühende, dichte, flachkugelige Büsche. Die schmallanzettförmigen Blätter werden von der großen Anzahl wohlriechender kleiner Blüten, die sich nacheinander öffnen, fast verdeckt. Die weißblühenden Sorten bilden wahre Schneeteppiche. Die violetten und rosaroten Sorten sind im Herbst intensiver gefärbt. Dem Wuchs entsprechend unterscheidet man die 10 bis 25 cm hohe var. *benthamii* (VOSS) BAIL. et BAIL. und die 8 bis 10 cm hohe var. *procumbens* (BAIL.) BOOM.

Lobularien wachsen auf jedem Boden, wenn nur der Standort warm und sonnig ist. Auf sehr nährstoffreichen Böden leidet die Wuchsform und die Blühwilligkeit läßt nach.

Ausgesät wird zeitig im Frühjahr an Ort und Stelle, und zwar horstweise oder breitwürfig. Die Sämlinge lichtet man auf etwa 15 cm Entfernung aus. Man kann auch ins Frühbeet säen und dann im Mai ins Freie verpflanzen. Lobelien vertragen das Umsetzen sehr gut. Blühende, in Töpfen vorkultivierte Lobelien verwendet man daher gern als Nachpflanzung auf leer gewordenen Beeten, auf denen Zwiebel- oder frühblühende Zweijahresblumen standen.

Zur Bodenbedeckung sowie zum Anbau zwischen Rosen oder Gladiolen ist die Lobularie sehr geeignet. Auch für Einfassungen, für Steingärten, besonders in den Fugen der Trockenmauern sowie als Balkonpflanze wird sie gern verwendet. Die Blüten sind eine ausgezeichnete Bienenweide.

Lobularia maritima (L.) DESV.

Lonas

Korbblütengewächse

Lonas annua (L.) VINES et DRUCE

Compositae

30–40 cm VII–X

Die im Mittelmeergebiet beheimatete *Lonas annua* (syn. *L. inodora* GAERTN.) ist eine einjährige, reichblütige Pflanze von buschigem, stark verzweigtem, breit ausladendem Wuchs mit festen, rötlich überlaufenen Trieben und länglichen, fein behaarten, tief eingeschnittenen Blättern. Kleine dunkelgelbe Blüten stehen zu Körbchen vereint in vielblumigen gehäuften Dolden. Der Flor dauert von Mitte Juli bis in den Spätherbst. Schwache Herbstfröste schaden nicht. Angebaut wird eine Sortenauslese, die unter der Artbezeichnung in den Handel kommt.

Die Pflanzen sind anspruchslos, sie begnügen sich mit jeder Gartenerde, wenn diese nicht zu feucht und der Standort sonnig ist. Die Aussaat nimmt man im März ins Frühbeet vor; ausgepflanzt wird Mitte Mai auf 25 bis 30 cm Abstand.

Wegen ihrer langen Blühdauer und ihrer kräftigen gelben Farbe finden kleinere oder größere Gruppen inmitten bunter Blumenbeete Verwendung. Man kann die Pflanzen auch zum Einteilen oder Abgrenzen von Beeten benutzen. Rechtzeitig abgeschnitten, können die Blütenstände wie Strohblumen behandelt werden. In dunklen, luftigen Räumen getrocknet, behalten sie lange ihre gelbe Farbe und finden in der Binderei Verwendung.

Lonas annua VINES et DRUCE

Malope
Sommermalve
Trichtermalve

Malope L.

Malvengewächse

Malvaceae

60–90 cm VII–X

Die aus dem Mittelmeergebiet stammende *Malope trifida* CAV. bildet stattliche, stark verzweigte Büsche mit großen, sattgrünen, herz- bis handförmigen Blättern und blattachselständigen Einzelblüten. Die Sorten der Grandiflora-Gruppe haben bis 10 cm breite, dunkelgeaderte, weiße, rosa oder purpurrote Trichterblüten, die sich nacheinander öffnen. Die Praecox-Gruppe gleicht der vorigen, wird jedoch nur 60 cm hoch, blüht aber früher.

Am besten gedeiht die Sommermalve in lehmig-sandigen, humosen, nährstoffreichen Böden auf sonnigen Standorten. Auf ärmeren Böden bildet sie weniger stattliche, aber immerhin schöne und dekorative Bestände.

Im April legt man auf 40 bis 50 cm Abstand horstweise jeweils mehrere Samenkörner an Ort und Stelle aus und läßt später immer die zwei kräftigsten Sämlinge stehen. Man kann die Pflanzen auch im Frühbeet, am besten in Töpfen, vorkultivieren. Bei langanhaltender Trockenheit muß man unbedingt wässern.

Wegen ihres stattlichen Wuchses eignen sich Sommermalven als Solitärpflanzen im Rasen sowie zum Ausfüllen freier Stellen zwischen hohen Stauden oder Gehölzen, zu denen sie gut passen. Man kann sie auch zum Verdecken unansehnlicher Mauern und Zäune sowie zum Abgrenzen großer Blumenbeete verwenden. Die Haltbarkeit der geschnittenen Blumen beträgt 6 bis 8 Tage. Einzelblüten werden auch zur Tischdekoration verwendet.

Malope trifida CAV.

Levkoje
Gartenlevkoje

Kreuzblütengewächse

Matthiola incana R. BR.

Cruciferae

25–70 cm VI–VII

In ihrer Heimat, im Mittelmeergebiet, ist *Matthiola incana* R. BR. ein verästelter Halbstrauch. Bei uns wird die Levkoje, die durch gärtnerische Züchtung und Kultur wesentlich verbessert werden konnte, als eintriebige oder buschig wachsende Sommerblume gezogen. Die länglichen, fein behaarten Blätter sind graugrün, die Blüten duften stark. Es gibt einfach- und gefülltblühende Sorten. Die gefüllten Blüten werden 4,5 cm breit und sind zu Trauben vereinigt, die sich im Laufe der Entwicklung strecken. Das Farbenspiel umfaßt etwa alle Farben und Schattierungen außer Gelb. Heute werden fast ausschließlich gefülltblühende Levkojen angeboten. Schon beim Pikieren sortiert man die ungefüllten aus. Man erkennt sie an den sattgrünen Keimblättern; die gefüllten haben hellgrüne. Die Blüten öffnen sich im Juni; remontierende Sorten blühen bis in den Herbst. Sowohl die eintriebig als auch die buschig wachsenden Sorten werden in Gruppen eingeteilt, die Herkunftsbezeichnungen tragen.

Eine vollkommene Ausbildung erreichen Levkojen nur auf sonnigen Standorten in nährstoffreichem, sandig-lehmigem, gut gepflegtem Gartenboden; schattige Lagen sind ungeeignet.

Die Jungpflanzen werden aus Samen herangezogen, die Aussaat erfolgt Anfang Februar. Da Levkojen Pfahlwurzeln bilden, empfiehlt sich die Vorkultur in Torfballen. Von Anfang April an werden die Jungpflanzen auf 15 bis 25 cm Abstand im Freiland ausgepflanzt.

Die niedrigen und halbhohen Sorten verwendet man am besten für geschlossene Rabattenpflanzungen vor Gebäuden oder pflanzt sie in Gruppen. Die hohen Sorten dienen vor allem zur Schnittblumengewinnung.

Matthiola incana R. BR.

Gauklerblume
Maskenblume

Braunwurzgewächse

Mimulus L.

Scrophulariaceae

25–30 cm VI–IX

Von den vielen Arten dieser Gattung kommt als Zierpflanze vor allem *Mimulus luteus* L. in Betracht, der in seiner Heimat, in Chile, eine Staude ist. Bei uns wird er jedoch meist als Sommerblume kultiviert, da er im ersten Jahr am schönsten und reichsten blüht. Er bildet niedrige, verzweigte, breit ausladende Büsche. Die Blätter sind eiförmig, gezähnt, leuchtendgrün. Die monosymmetrischen, 4 bis 6 cm breiten Trichterblüten stehen auf langen Stielen in den Blattachseln. Die Blumenkrone ist fünfzipfelig, gelb und rot betupft. An einem Exemplar erscheinen nach und nach bis zu 150 Blüten.

Gauklerblumen brauchen mäßig feuchte, humose, lehmig-sandige Böden. Sie gedeihen auch gut im Halbschatten.

Die Aussaat erfolgt im April ins Frühbeet oder in Kästen. Das kräftige Zurückschneiden der Jungpflanzen fördert die Verzweigung. Mitte Mai werden die vorkultivierten Pflanzen auf 25 bis 30 cm Abstand an ihren endgültigen Standort gebracht. Gauklerblumen vertragen das Umpflanzen sehr gut; man kann also nach dem Flor der Frühblüher leer gewordene Beete mit blühenden Gauklerblumen besetzen.

Gauklerblumen pflanzt man gern in Balkonkästen, in keramische Gefäße, auf Terrassen oder auf Rabatten. Zusammenpflanzungen mit anderen Gartenblumen sind nicht zu befürworten. Am besten stehen Gauklerblumen auf Beeten oder in Gruppen für sich, so daß man die erlesenen Blütenfarben und -formen bewundern kann.

Mimulus luteus L.

Wunderblume

Wunderblumengewächse

Mirabilis L.

Nyctaginaceae

60–80 cm VII–X

Die bekannteste Art dieser Gattung ist die aus Mexiko stammende *Mirabilis jalapa* L. Ihre schwarzen, knollen- bis rübenförmigen Wurzeln kann man wie Dahlienknollen über den Winter aufbewahren und im Frühjahr setzen. Man erspart sich so das Aussäen und die Vorkultur. Die Pflanzen bilden aufrechte, stark verzweigte, breit ausladende, dicht belaubte, rundliche Büsche. Die Trichterblüten sind weiß, gelb, rosa, rot und zuweilen auch zweifarbig. Sie öffnen sich am späten Nachmittag und schließen sich in den Morgenstunden. Im Herbst bleiben sie auch tagsüber geöffnet. Der Flor dauert von Juli bis zum Eintritt der ersten Fröste.

Am besten genügen den Ansprüchen der Wunderblume tiefgründige Lehmböden in sonniger Lage. Auf ärmeren Böden sind die Pflanzen schwächer; man muß daher dichter pflanzen.

Im April sät man in Reihen weitläufig ins Frühbeet. Die Jungpflanzen entwickeln sich sehr schnell; wenn sie aber zu dicht stehen, schießen sie in die Höhe und fassen schlecht Fuß. Ausgepflanzt wird Ende Mai auf 40 bis 50 cm Abstand.

Auch wenn die Blüten geschlossen sind, bieten die dunkelgrünen, dichtbelaubten Büsche einen wunderschönen Anblick. Sie werden einzeln oder in Gruppen im Rasen angebaut. Auch in bunte Blumenbeete eingestreut, nehmen sie sich hübsch aus. Auf Grund ihrer Schnellwüchsigkeit eignen sie sich zur vorläufigen Bepflanzung größerer Flächen.

Mirabilis jalapa L.

Vergißmeinnicht

Boretschgewächse

Myosotis L.

Boraginaceae

12–40 cm IV–V

Von den gärtnerisch wichtigen Arten dieser Gattung hat vor allem das 40 cm hohe Wald-Vergißmeinnicht *Myosotis sylvatica* (EHRH.) HOFFM. (syn. *M. alpestris* hort. non F. W. SCHMIDT) Bedeutung. Dieses wächst in ganz Europa, in Sibirien und im Orient wild. Von ihm stammen die meisten zweijährigen Sorten ab. Es bildet dichte, verzweigte, in Form und Höhe sehr veränderliche Büsche. Die Blätter sind dunkelgrün, die Stengel schütter behaart. Die 6 bis 9 mm großen, meist blauen Blüten stehen in mehr oder weniger dichten Blütenständen. Vereinzelt werden auch rosa- und weißblühende Sorten angeboten. Die Blühdauer ist verhältnismäßig kurz; sie beträgt je nach der Witterung 3 bis 4 Wochen. Es gibt auch Hybriden, die keiner bestimmten Art zugeordnet werden können.

Das Vergißmeinnicht liebt humose, ausreichend feuchte Böden und sonnige Standorte, gedeiht aber auch im Halbschatten.

Ausgesät wird im Juni in ein kaltes Frühbeet oder auf ein Freiland-Saatbeet. Das Beet muß gut beschattet und ausreichend feucht gehalten werden. Bei dünner Aussaat erübrigt sich das Verstopfen, und man kann im August oder Anfang September direkt aus dem Saatbeet ins Freie zur Überwinterung verpflanzen. Die Abstände betragen je nach Sorte 15 bis 20 cm. Im Frühjahr werden die Pflanzen vor dem Aufblühen oder bereits blühend an den endgültigen Standort gebracht.

Das Vergißmeinnicht ist allgemein beliebt; niemand möchte das Blau der Blüten im Garten missen. Besonders wirkungsvoll sind Zusammenpflanzungen mit Tulpen, Stiefmütterchen oder Gänseblümchen auf Beeten, Terrassen, in keramischen Gefäßen und im Fensterkasten.

Myosotis sylvatica (EHRH.) HOFFM.

Nemesie

Braunwurzgewächse

Nemesia VENT.

Scrophulariaceae

20–35 cm VI–IX

Die hübschen Sorten stammen von den beiden einjährigen südafrikanischen Arten *Nemesia strumosa* BENTH. und *Nemesia versicolor* E. MEY., von denen die letztere deutlich gespornte Blüten hat. Manche Sorten sind aus Kreuzungen dieser Arten hervorgegangen. Heute werden alle Sorten unter der Bezeichnung *Nemesia*-Hybriden zusammengefaßt. Sie blühen reich, werden 20 bis 35 cm hoch und verzweigen sich dabei stark. Die großen Blüten gehen meist auf *N. strumosa,* die kleinen auf *N. versicolor* zurück. Beliebt ist die ‚Triumph-Mischung', eine Mischung weißer bis scharlachroter Töne. Zurückgeschnitten bringen die abgeblühten Pflanzen einen zweiten Flor, der bis in den Spätherbst andauert.

Nemesien verlangen leichten, durchlässigen Boden und einen warmen, sonnigen Standort. Stauende Nässe vertragen sie nicht.

Die Aussaat erfolgt im März oder Anfang April ins Frühbeet oder in Kästen. Bei weitläufiger Aussaat kann man die Pflanzen, ohne sie zu pikieren, Ende Mai direkt aus dem Saatbeet ins freie Land pflanzen. Der Abstand von Pflanze zu Pflanze soll 20 cm betragen.

Wegen ihres herrlichen Farbenspiels und der langen Blütezeit eignen sich Nemesien für geschlossene Pflanzungen auf Rabatten und größeren Flächen sowie für Gruppen. In Steingärten und auf Trockenmauern wirken sie belebend. Man setzt sie auch gern in Balkonkästen und Blumenschalen. Geschnittene Blumen bleiben in der Vase lange frisch.

Nemesia strumosa BENTH.

Tabak

Nachtschattengewächse

Nicotiana L.

Solanaceae

40–100 cm VII–IX

Die Heimat des Tabaks liegt in den Tropen Südamerikas. Die wichtige in unseren Gärten als Zierpflanze angebaute Sorte ‚Grandiflora‘ (syn. *Nicotiana affinis* T. MOORE) stammt von *N. alata* LINK et OTTO. Die angenehm duftenden Pflanzen werden 40 bis 80 cm hoch und haben große, innen weiße, außen grünliche Trichterblüten mit violetten Streifen. Es gibt auch lila-, rosa- und rotblühende Varianten. Von den anderen Tabak-Arten sind die aufrechtwachsenden, stark verzweigten, bis 100 cm hohe *N.* × *sanderae* hort. ex. W. WATS. und ‚Scharlachkönig‘ erwähnenswert. Sie haben drüsige, hellgrüne Blätter von unterschiedlicher Größe. Die Blüten sind langtrichterförmig, die Blumenkrone ist fünfzipfelig, karminrot, 5 cm breit. An der Pflanze erscheinen bis zu 200 Blüten, die sich jedoch nur nachts öffnen. Heute gibt es bereits einige Sorten wie die ‚Tageslichtfarben‘, deren Blüten auch tagsüber offen bleiben.

Ziertabak benötigt zum guten Gedeihen nährstoffreichen, etwas lehmigen, humosen, durchlässigen Boden in vollsonniger Lage. Leichter Halbschatten wird noch vertragen.

Am besten sät man im März oder Anfang April ins Frühbeet aus. Die Jungpflanzen müssen rechtzeitig auf einige Zentimeter pikiert oder in Töpfen vorkultiviert werden. An ihren Bestimmungsort kommen sie erst Ende Mai, wenn keine Fröste mehr drohen, auf Abstände von 40 bis 50 cm.

Ziertabak hat als Blattpflanze und als prächtiger Blüher hohen Schmuckwert. Die niedrigeren Sorten pflanzt man meist einzeln in farbige Blumenbeete. Die höheren pflanzt man als Gruppen oder benutzt sie zur Bekleidung von Mauern und Zäunen. In der Vase verbreiten die Blumen einen angenehmen Duft und die noch geschlossenen Knospen blühen nach und nach auf.

Nicotiana alata LINK et OTTO

Schwarzkümmel
Jungfer im Grünen

Hahnenfußgewächse

Nigella L.

Ranunculaceae

40–50 cm VII–VIII

Als Sommerblume sehr beliebt ist die bekannte, in Südeuropa und Nordafrika heimische *Nigella damascena* L., ‚Braut im Haar' oder ‚Jungfer im Grünen', auch ‚Gretchen im Busch' genannt. Die Pflanzen bilden aufrechte, stark verästelte und dichtbelaubte Büsche, die schon vor dem Erscheinen der Blüten sehr dekorativ wirken. Das Blattwerk ist sattgrün und fein zerschnitten. Die Blüten werden von vergänglichen Kelchblättern gebildet, die kronblattartig gefärbt sind; die eigentlichen Kronblätter sind zu Honigschuppen umgewandelt. Den größten Reiz verleihen der Pflanze die zahlreichen bizarren, nadelartigen Hochblätter, welche die blauen, weißen und rosa oder dunkelroten Blüten umhüllen. An einer Pflanze erscheinen bis zu 120 Blüten von 3,5 cm Breite. Wünscht man einen über längere Zeit reichenden Flor, so sind Folgesaaten erforderlich. Auch die nach der Blüte erscheinenden Fruchtkapseln haben erheblichen Schmuckwert.

Der Schwarzkümmel ist eine anspruchslose Pflanze, die mit jedem Gartenboden vorlieb nimmt, vorausgesetzt daß er nicht zu feucht ist. Unter starkem Regenwetter leiden die Pflanzen.

Der Samen wird an Ort und Stelle horstweise in Abständen von 20 bis 25 cm ausgelegt. Von den aufgegangenen Pflanzen läßt man an jeder Stelle jeweils nur zwei stehen. Man pflanzt Schwarzkümmel gern in bunte Blumenbeete, deren Anziehungskraft er wesentlich erhöht. Außerdem eignet sich Schwarzkümmel für kleinere geschlossene Pflanzungen auf Rabatten und für Gruppen in Garten und Park. In der Vase halten sich die Pflanzen 4 bis 6 Tage.

Nigella damascena L.

Hirse

Süßgräser

Panicum capillare L.

Gramineae

60–70 cm VII–IV

Das aus Nordamerika stammende einjährige *Panicum capillare* bildet mit seinen von unten her verzweigten Stengeln breit ausladende Büsche. Die Blätter sind behaart, fast linealisch etwa 7 mm breit. Die Blüten sind zu luftigen, lockeren, 40 cm langen und etwa 2 cm breiten pyramidenförmigen Rispen vereint. Die einzelnen Rispenästchen sind steif und stehen ab. Blütezeit: Juli bis September.

Hinsichtlich des Bodens ist diese Hirse vollkommen anspruchslos. Sie gedeiht in jedem Gartenboden auf warmen, sonnigen Standorten.

Ausgesät wird Ende März oder Anfang April ins Frühbeet. Die Sämlinge werden zu je 3 bis 4 Stück büschelweise pikiert. Mitte Mai pflanzt man die vorkultivierten Jungpflanzen auf 30 bis 40 cm Abstand an ihren Bestimmungsort. Man kann auch an Ort und Stelle säen, doch geht der Samen bei Direktaussaat zuweilen schlecht auf, und man muß die Aussaat wiederholen. Sicherer ist daher die Anzucht im Frühbeet.

Die einjährige Hirse ist eine sehr schöne, malerische Gartenzierde. Man setzt die Pflanzen in kleineren oder größeren Gruppen in Blumenbeete, wo sie durch den Kontrast zu anderen Pflanzen auffallen. Hirse ist auch eine haltbare Trockenpflanze und eignet sich bestens für Dauersträuße. Ebenfalls sind geschnittene Blütenstände ein erlesener Vasenschmuck.

Panicum capillare L.

Mohn

Mohngewächse

Papaver L.

Papaveraceae

30–120 cm VI–VIII

Von den ein- und zweijährigen Mohnarten wurden zahlreiche Sorten gezüchtet, die sich durch die leuchtenden Farben ihrer schönen Blüten auszeichnen. Leider ist die Blühdauer nur kurz. Die typischen Fruchtkapseln schmücken jedoch auch nach dem Abblühen. – *Papaver glaucum* BOISS et HAUSSKN. (syn. *P. somniferum* L. var. *glaucum* O. KUNTZE) wird 50 cm hoch und hat große, scharlachrote Blüten, die sich im Juli oder August öffnen. – Der Klatschmohn, *P. rhoeas* L. wird 30 bis 90 cm hoch; seine Blüten erscheinen je nach der Aussaatzeit von Mai bis August. Im Handel werden meistens Mischungen weiß- und rotblühender Sorten angeboten. – Vom Schlafmohn, *P. somniferum* L., gibt es viele Sorten, die sich durch ihre Wuchshöhe (30 bis 120 cm) und ihren Blütenbau voneinander unterscheiden. Nach der Ausbildung und Form der Kronblätter teilt man die Sorten in zwei Gruppen, den Päonien-Mohn und den Schlitzmohn, ein. Die Farbenskala umfaßt fast alle Farbschattierungen mit Ausnahme von Gelb und Blau. Blütezeit: Juni und Juli. Häufig trifft man in unseren Gärten auch den zweijährigen Islandmohn, *P. nudicaule* L., an, dessen Blüten länger halten als die der einjährigen Arten. Er wird im Juni oder Juli gesät und blüht im Juni und Juli des folgenden Jahres.

Alle Mohnarten gedeihen am besten in lockerem, lehmigem, nährstoffreichem, kalkhaltigem Boden. Ausgesät wird zeitig im Frühjahr an Ort und Stelle. Die Pflanzen haben Pfahlwurzeln und vertragen daher das Umsetzen nicht. Bald nach dem Aufgehen muß man auf 10 bis 15 cm Entfernung auslichten.

In bunten Blumenbeeten kann man mit Gartenmohn blendende Effekte erzielen. Man verwendet ihn gern zum Ausfüllen von Lücken im Blumenbeet und im Steingarten. Er eignet sich auch zur Gewinnung prächtiger Schnittblumen, doch sind diese leider nicht lange haltbar.

Papaver somniferum L.

Bartfaden

Braunwurzgewächse

Pentstemon SCHMIDEL

Scrophulariaceae

30–75 cm VIII–X

Die *Pentstemon*-Hybriden (syn. *Pentstenom × hybridus* GROENL. et RŮMPL., *P. gentianoides* var. *hybridus* hort., *P. hartwegii* var. *hybridus* hort., *P. gloxinioides* hort.), die aus Artkreuzungen dieser in Nordamerika heimischen, staudenreichen Gattung entstanden sind, werden bei uns stets einjährig kultiviert, während man sie in wärmeren Gegenden Europas und Amerikas ihrer Natur entsprechend als Stauden behandelt. Die Pflanzen sind von aufrechtem, steifem, buschigem Wuchs, hoch je nach der Sorte. Die Blätter sind ungestielt, zugespitzt, glänzend sattgrün. Die großen Glockenblüten sind zu einer langen, auffallend schönen Rispe angeordnet. Es gibt Sorten in Weiß, Rosa, Scharlach, Karmin und Violett. Der Schlund ist weiß, zuweilen gestreift oder getigert. Bei einigen Sorten hat die Krone einen breiten, geschmückten Rand.

Volle Sonne und eine warme Lage bei nährstoffreichem, lehmig-sandigem, mäßig feuchtem Boden sind die besten Voraussetzungen für das Gedeihen der Pflanzen, stauende Nässe vertragen sie nicht.

Man sät im Februar im Gewächshaus in Aussaatkisten. Der Samen keimt oft erst nach drei Wochen. Die Pflanzen lassen sich früher zur Blüte bringen, wenn in Torfballen vorkultiviert wird. Ausgepflanzt wird bereits Mitte April; schwache Fröste schaden nicht.

Wegen ihres langen Flors und des belebend wirkenden Blattwerks pflanzt man diese schöne Sommerblume gern in bunte Blumenbeete oder als Gruppen an den Rand des Rasens. Die Blütenstände wirken in der Vase prächtig; man schneidet sie, wenn die Blüten zu etwa zwei Drittel geöffnet sind. Im Sommer halten sie nicht lange, im Herbst jedoch 6 bis 8 Tage.

Pentstemon hartwegii BENTH.

Petunie

Nachtschattengewächse

Petunia JUSS.

Solanaceae

20–80 cm V–X

Die zahlreichen Sorten, die heute unter der Bezeichnung *Petunia*-Hybriden (syn. *P × hybrida* VILM.) zusammengefaßt werden, sind Kreuzungen von mehreren aus Argentinien eingeführten Wildarten sowie der daraus entstandenen Arten. Es gibt eine geradezu unübersehbare Menge von einfach- und gefülltblühenden Sorten in den verschiedensten Farben außer Gelb. Die bekanntesten Gruppen, die ihrerseits wiederum eine Reihe von Sorten einschließen, sind: ‚Compacta Nana', 20 bis 25 cm hoch, Blüten mittelgroß, ganzrandig; ‚Grandiflora Nana', 20 bis 25 cm hoch, Blüten 7 bis 9 cm breit; ‚Grandiflora Fimbriata', 30 bis 35 cm hoch, Blüten groß mit gewelltem Rand; ‚Grandiflora Fimbriata Nana', 25 bis 35 cm, Blüten unterschiedlich groß, Blumenkrone zerschlitzt; ‚Grandiflora Superbissima', 40 bis 70 cm, Blüten bunt, bis 12 cm breit, mit gerolltem bis gewelltem Rand; die Sorten dieser Klasse müssen an Stäben gezogen und angebunden werden. Ferner gibt es die Pendula-Gruppe, reichblütige Sorten mit überhängenden Trieben, bis 60 cm lang, Blüten 6,5 bis 7,5 cm breit.

Am besten gedeihen Petunien in schwerem, nährstoffreichem Boden; sie wachsen jedoch auch in Torf. Der Standort soll warm und luftig, jedoch nicht windig sein.

Die Aussaat wird schon von Anfang Februar an im Gewächshaus vorgenommen. Die Vorkultur ist mit viel Arbeit verbunden. Für den Gartenfreund ist es daher einfacher und billiger, die Jungpflanzen beim Gärtner zu kaufen.

Petunien sind beliebte und dankbare Sommerblüher für die Balkonbepflanzung und die Topfpflanzenkultur. Einige neuere, widerstandsfähige Sorten eignen sich auch für Gruppenpflanzungen und für Rabatten.

Petunia × hybrida JUSS.

Phacelie
Büschelschön

Wasserblattgewächse

Hydrophyllaceae

Phacelia JUSS.

15–25 cm VI–VII

Von dieser Gattung kommt für Zierzwecke nur die aus Nordamerika stammende, einjährige *Phacelia campanularia* A. GRAY in Betracht. Diese niedrige, stark verzweigte, fast kriechende Pflanze hat kreisrunde bis herzförmige, fein behaarte, am Rande gekerbte Blätter, rot überlaufene Stengel und 2,5 cm breite, enzianblaue Glockenblüten, aus denen fünf auffallend weiße Staubblätter herausragen. Die Blüten erscheinen bereits 7 bis 8 Wochen nach der Aussaat. Durch Folgeaussaaten kann man die Blütezeit wesentlich verlängern. Bei geschlossenem Anbau sind die Phacelien nicht nur eine Gartenzierde, sondern auch eine wertvolle Bienenweide.

Die anspruchslose Pflanze gedeiht auf jedem Gartenboden in sonniger Lage.

Anfang April legt man die Samen auf 20 cm Abstand horstweise an Ort und Stelle aus. Man kann auch breitwürfig säen und dann auf dieselbe Entfernung ausdünnen. Häufig säen sich die Pflanzen selbst aus, gehen schnell auf und blühen noch im Herbst.

Phacelien eignen sich für bunte Blumenbeete, zum Begrünen von trockenen Hängen, für Steingärten u.ä. Ihre enzianblauen Blüten lenken die Aufmerksamkeit auf sich.

Phacelia campanularia A. GRAY

Bohne

Schmetterlingsblütengewächse

Phaseolus L.

Leguminosae

300–400 cm VII–IX

Die Gattung umfaßt etwa 150 Arten, von denen viele als Gemüsepflanzen wirtschatliche Bedeutung haben. Als Zierpflanze kommt nur die zweijährige, bei uns jedoch einjährig gezogene Feuer- oder Prunkbohne, *Phaseolus coccineus* L. (syn. *P. multiflorus* LAM.) in Betracht. Der linkswindende, feste, meist unverzweigte Stengel wird bis vier Meter lang. Die Blätter sind dreizählig und weich behaart. Die langgestielten, feuerroten, weißen oder zweifarbigen Blüten stehen in lockeren Trauben. Mitunter treten Blüten auf, bei denen die Fahne rot und die Flügel weiß sind.

Die Feuerbohne ist eine äußerst anspruchslose Sommerblume, die in jedem Gartenboden gedeiht.

Da die Pflanze frostempfindlich ist, sät man erst Mitte April ins freie Land, und zwar auf etwa 30 cm Abstand. Man kann auch in Töpfen vorkultivieren und die Jungpflanzen Ende Mai, wenn keine Fröste mehr drohen, ins Freie bringen. Beim Auspflanzen sollen die Setzlinge nicht länger als 30 cm sein. Bei Direktaussaat setzt die Blüte Anfang Juli ein; vorkultivierte Pflanzen blühen etwa drei Wochen früher. Zum Hochklettern braucht die Prunkbohne eine Stütze. Bei trockenem Wetter muß reichlich gegossen werden, sonst beginnen die Blätter von unten zu vergilben.

Man verwendet die Prunkbohne zur Bekleidung von Lauben, Zäunen, Mauern und dergleichen. Auch freistehende Wände auf Terrassen sowie Spaliere zur Unterteilung des Gartens oder zum Verdecken unansehlicher Stellen kann man mit den Pflanzen begrünen. Ferner wird die Prunkbohne gern als Fenster- und Balkonpflanze verwendet.

Phaseolus coccineus L.

Flammenblume

Sperrkrautgewächse

Phlox drummondii HOOK.

Polemoniaceae

15–60 cm VI–X

Von den vielen in den südlichen Staaten Nordamerikas heimischen Arten dieser Gattung wird lediglich der Einjahres- oder Sommerphlox, *Phlox drummondii* HOOK., einjährig kultiviert. Die stark verzweigte Pflanze bedeckt sich zur Blütezeit über und über mit Blüten. Die leuchtenden Farben der Blüten wirken bei geschlossener Pflanzung ungemein anmutig und lebendig. Durch Züchtungsarbeit wurde eine riesige Zahl von Sorten gewonnen, die man nach der Wuchshöhe, der Blütengröße und Blütenform zu Gruppen zusammenfaßt. Innerhalb jeder Gruppe gibt es eine Reihe von Farbsorten. Im Angebot sind meist nur wenige Sorten.

Die Pflanzen verlangen nährstoffreichen Boden und einen warmen, sonnigen Standort. Sie vertragen auch größere Trockenheit, verkümmern jedoch auf zu feuchtem Untergrund und bei anhaltend kaltem und regnerischem Wetter.

Die Aussaat erfolgt von Mitte Februar bis Mitte März in flache Kisten, die man ins Frühbeet stellt. Die Jungpflanzen werden rechtzeitig abgehärtet und schon von Mitte April an ins Freie an ihren Bestimmungsort gebracht. Der Abstand beträgt je nach Sorte 15 bis 30 cm. Schwache Spätfröste richten keine Schäden an.

Sommerphlox eignet sich zur Bepflanzung von Rabatten, jedoch passen die Pflanzen auch in Steingärten und auf Trockenmauern. Kleine Gruppen nehmen sich in bunten Blumenbeeten sehr hübsch aus. Niedrige Sorten setzt man mit Vorliebe in Balkonkästen oder in keramische Gefäße auf Terrassen. Die höheren Sorten sind zur Schnittblumengewinnung geeignet. Im Wasser bleiben die Blumen 6 bis 8 Tage frisch; die Knospen öffnen sich nach und nach.

Phlox drummondii HOOK.

Portulak
Portulakröschen

Portulakgewächse

Portulaca grandiflora HOOK.

Portulacaceae

10–15 cm VI–IX

Die liegend wachsende, aus Argentinien und Brasilien stammende *Portulaca grandiflora* HOOK, wird nur 10 bis 15 cm hoch. Die fleischigen Stiele, die bei den farbigblühenden Sorten rötlich überlaufen und bei den weißblühenden grün sind, legen sich mit ihren rundlichen, kurzen Blättern breit über den Boden. Auf diese Weise werden größere Bodenflächen vollkommen bedeckt. Die Blütenfarben variieren von Reinweiß über Hell- und Dunkelgelb, Rosa und Karmin bis Scharlachrot in den verschiedensten Schattierungen. Auch gestreifte Blüten gibt es. Oft erscheinen an einer Pflanze 10 bis 12 Blüten gleichzeitig. Allerdings sind die Blüten nur in den Vormittagsstunden und bei Sonnenschein geöffnet.

Portulakröschen brauchen durchlässigen, sandigen Untergrund und einen warmen, sonnigen Stand. Im Halbschatten und auf allzu nährstoffreichem Boden läßt die Blühwilligkeit stark nach. Schwere, lehmige oder nasse Böden vertragen die Pflanzen überhaupt nicht.

Die Aussaat erfolgt im Februar oder März im Gewächshaus in Saatkisten. Hierbei werden die sehr feinen Samen nur leicht angedrückt, nicht aber mit Erde bedeckt. Ende Mai, wenn die Spätfröste bereits vorüber sind, pflanzt man die Jungpflanzen auf 20 bis 30 cm Abstand an ihren Bestimmungsort. In wärmeren Gegenden kann Ende April direkt ins Freiland gesät werden.

Auf Rabatten, Beete und sonnige Hänge gepflanzt, bedecken die Portulakröschen den Boden völlig. Nicht minder schön wirkt Portulak auf Terrasse und Balkon. Auf sehr trockenen und nährstoffarmen Böden, auf denen die meisten anderen Zierpflanzen nur ein kümmerliches Dasein fristen, gedeiht Portulak noch recht gut.

Portulaca grandiflora HOOK.

Reseda
Resede

Resedagewächse

Resedaceae

Reseda odorata L.

25–40 cm VII–IX

Die in Nordafrika wildwachsende *Reseda odorata* L., unsere Gartenreseda, ist eine allgemein beliebte, in vielen Gärten angebaute Einjahresblume. Die Pflanzen bilden breit ausladende, fast kriechende Büsche. Die kleinen, aber stark duftenden grünen oder goldgelben Blüten, an denen vor allem die roten oder gelben Staubbeutel auffallen, stehen in langen, dichten Trauben. Die bekanntesten Sorten sind: ‚Ameliorata', 30 cm hoch, rosa, großblumig; ‚Goliath', 30 cm hoch, Blüten mit dunkelroten Staubblättern; ‚Machet', 40 cm hoch, hellrot, dunkelgrün belaubt.

Am besten genügt den Ansprüchen dieser Pflanze ein warmer, sonniger Standort; Reseden vertragen aber auch Halbschatten. Düngung mit verrottetem Stallmist im Herbst fördert Wuchs und Blühwilligkeit. Sehr feuchter und schwerer Boden bekommt den Pflanzen nicht.

Man sät zeitig im Frühjahr an Ort und Stelle und verzieht auf 25 bis 30 cm Abstand. Die Jungpflanzen müssen vor Erdflöhen geschützt werden. Dazu eignen sich chemische Präparate am besten, die man in den einschlägigen Fachgeschäften erhält.

Reseden sind vor allem wegen ihres angenehmen Duftes beliebt, sie werden aber auch als Bienenweide angebaut. Seltener fügt man sie in bunte Sommerblumenbeete ein, wo sie mit ihrer sattgrünen Belaubung ein beruhigendes Element darstellen. Man kann sie auch in Töpfen halten.

Reseda odorata L.

Rizinus
Wunderbaum

Ricinus communis L.

Wolfsmilchgewächse

Euphorbiaceae

150–300 cm VIII–X

In den Tropen ist *Ricinus communis* L. ein ausdauerndes, baumartiges, bis 8 m hohes Gewächs, aus dessen Samen Rizinusöl gewonnen wird. Auch die Gartensorten können bis 3 m hoch werden; sie werden jedoch ausschließlich einjährig kultiviert, da sie selbst den mildesten Winter nicht überdauern. Die Blätter sind groß, handförmig geteilt, je nach der Sorte unterschiedlich gefärbt. Die Blüten sind einhäusig und sitzen dicht gedrängt in Rispen, und zwar die männlichen unten, die weiblichen oben. Die beliebteste Sorte ist ‚Zanzibariensis', 2 bis 3 m hoch, Blätter glänzendgrün; ‚Gibsonii' wird nur 150 cm hoch, hat aber eine dunkelrote Belaubung.

Die Pflanzen brauchen lehmig-sandigen Boden und volle Sonne. Mitte März legt man jeweils ein Samenkorn in kleine Töpfe. Um ein schnelleres und vor allem sicheres Aufgehen zu erreichen, empfiehlt man, den Samen einen Tag lang in lauwarmem Wasser vorquellen zu lassen. An den endgültigen Standort kommen die Jungpflanzen, wenn keine Spätfröste mehr zu erwarten sind, also in der zweiten Maihälfte. Der Boden soll gut mit ausgereiftem Kompost gedüngt sein. Außerdem soll man während der Vegetation zusätzlich düngen und im Bedarfsfall ausgiebig wässern.

Die äußerst raschwüchsige, stattliche Pflanze setzt man mit Vorliebe in den Hintergrund von Blumen aller Art oder benutzt sie zum Verdecken von Mauern und Zäunen. Auch in Kübeln oder keramischen Gefäßen wirkt der Rizinus großartig.

Ricinus communis L.

Rudbeckie
Sonnenhut

Korbblütengewächse

Compositae

Rudbeckia L.

50–100 cm VII–X

In ihrer Heimat, in Nordamerika, wächst die auffallend schöne Einjahresblume *Rudbeckia hirta* L. als lästiges Unkraut in Gärten und auf Feldern. Sämtliche Gartenformen zeichnen sich durch ihre Blühwilligkeit und langandauernde Blütezeit aus. Sie bilden verschieden hohe, aufrechte, unregelmäßig verzweigte Büsche. Die Blätter sind länglich-eiförmig bis lanzettförmig, rauhhaarig, hellgrün, die Stengel fest, bis 45 cm lang. Die Blüten sind 8 bis 10 cm breit, mit kegelförmig oder zylindrisch gewölbter Mitte, die Randblüten zungenförmig, etwas gewellt, zugespitzt, sattgelb oder gelblich-rotbraun. Die Mittelscheibe ist beim Aufblühen metallisch glänzend. An der Pflanze erscheinen bis zu 60 Blüten, die sich von Mitte Juli bis in den Spätherbst nacheinander öffnen und denen leichte Fröste nicht schaden. Am besten gedeiht die Rudbeckie auf schwerem, humosem, lehmig-sandigem Boden in warmer sonniger Lage. Ausgesät wird Mitte März ins Frühbeet; Mitte Mai setzt man die Jungpflanzen an Ort und Stelle.

Die Rudbeckie ist eine der schönsten Einjahresblumen für den Spätsommer und Herbst. Mit ihrer leuchtenden Farbe ist sie auf den Beeten eine wahre Augenweide. Man pflanzt sie gruppenweise in bunte Blumenbeete, als Lückenfüller zwischen Stauden oder vor dunkles Nadelgehölz. Die Schnittblumen halten sich in der Vase bis zu 14 Tagen. Man muß jedoch voll aufgeblühte Blumen schneiden, da sich Knospen nicht öffnen, sondern welken.

Rudbeckia hirta L.

Trompetenzunge Brokatblume

Nachtschattengewächse

Salpiglossis sinuata RUIZ et PAV.

Solanaceae

40–80 cm VII–VIII

Von den Arten dieser Gattung wird als Zierpflanze lediglich die aus Chile stammende *Salpiglossis sinuata* RUIZ et PAV. kultiviert. Sie ist ein aufrecht wachsendes, locker verzweigtes, drüsig behaartes Gewächs, das je nach der Sorte 40 bis 80 cm hoch wird. Die breiten Trichterblüten sind bunt gefärbt, die Grundfarben sind Weiß, Gelb oder Rötlichviolett. Der deutlich geaderte Schlund ist dunkler, meistens rot oder violett.

Trompetenzungen brauchen durchlässigen, nährstoffreichen Boden und einen vollsonnigen, windgeschützten Standort.

Am sichersten ist die Aussaat Ende März ins Frühbeet; Ende Mai pflanzt man dann mit kräftigem Wurzelballen auf 20 bis 30 cm Entfernung ins Freie. Aussaat an Ort und Stelle ist ebenfalls möglich. Da der Samen jedoch sehr fein ist und die Jungpflanzen sehr empfindlich sind, muß das Saatbeet gut bearbeitet sein und geschützt liegen. Besonders empfindlich sind Trompetenzungen gegen Bodenverkrustung; man muß daher den Boden locker und unkrautfrei halten. Die prächtigen, sehr bunt gefärbten und schön geformten Blüten der Trompetenzunge sind in bunten Blumenbeeten ein Anziehungspunkt für das Auge, besonders wenn sie in der Nähe des Weges oder in kleinen Gärten stehen. Schnittblumen halten sich in der Vase 4 bis 7 Tage.

Salpiglossis sinuata RUIZ et PAV.

Salbei

Lippenblütengewächse

Salvia L.

Labiatae, alt. *Lamiaceae*

60–80 cm VI–X

Die aus Texas stammende Mehlige Salbei, *Salvia farinacea* BENTH., ist in ihrer Heimat eine Staude, wird in Mitteleuropa jedoch ausschließlich als Sommerblume gezogen, da sie nicht winterhart ist. Sie wächst aufrecht, verzweigt sich stark und erreicht eine Höhe von 80 cm. Die Blätter sind glatt, blaugrün. Die kleinen blauvioletten oder weißen Blüten stehen quirlartig in langen Ähren. Die Aussaat erfolgt Anfang März ins Frühbeet oder im Gewächshaus in Kisten. Die in Torfballen vorkultivierten Setzlinge werden Ende Mai in 40 cm Abstand ausgepflanzt. *S. farinacea* wird vorwiegend zur Bepflanzung größerer Flächen in Parks und städtischen Grünanlagen verwendet. Zuweilen fügt man sie horstweise auch in bunte Sommerblumenbeete ein.

Die Südeuropäische Buntschopf-Salbei, *S. horminum* L., hat unauffällige, kleine, weiße, karminrote oder violette Blüten. Die Schmuckwirkung dieser Salbeiart geht vor allem von den sehr großen, verschiedenfarbigen Deckblättern aus, die an den Triebspitzen stehen. Ausgesät wird im März bis April ins Frühbeet oder Ende April an Ort und Stelle. Solitär-Gruppen von Buntschopf-Salbeien nehmen sich in Grünanlagen sehr hübsch aus.

Für Parkanlagen eignet sich auch die aus den wärmeren Gebieten Nordamerikas stammende Scharlachsalbei, *S. coccinea* INSS. Die weißbehaarte, breit ausladende Pflanze wird bis zu 60 cm hoch. Die kleinen scharlachroten Blüten stehen in lockeren Trauben. Ausgesät wird im März; Ende Mai kommen die Jungpflanzen an ihren Bestimmungsort.

Alle Salbeiarten kommen in jedem Gartenboden gut fort, wenn nur die Lage sonnig ist.

Salvia farinacea BENTH.

Glänzende Salbei
Feuersalbei

Lippenblütengewächse

Salvia splendens SELLO ex NEES

Labiatae
alt. *Lamiaceae*

20–35 cm V–X

Diese in Brasilien heimische Salbeiart ist eigentlich eine Staude, sie wird bei uns jedoch einjährig gehalten. Die Sorten bilden straffe, aufrechte, stark verzweigte Büsche und haben langgestreckte, herzförmige, am Rande gekerbte hellgrüne Blätter. Die in Trauben stehenden Lippenblüten öffnen sich nacheinander. Die meisten Sorten haben feuerrote Blüten; es gibt jedoch auch solche in Weiß, Rosa, Lachsrot, Lavendelblau und Blauviolett. Die Blütenkelche haben dieselbe Farbe wie die Blumenkrone. Die Glänzende Salbei wird meist blühend ausgepflanzt.

Sie gedeiht am besten in guter, nährstoffreicher Erde an sonnigen Standorten. Die pastellfarbenen Sorten bevorzugen jedoch Halbschatten.

Man sät im Februar in Kisten im Gewächshaus aus und verpflanzt dann in Töpfe. An Ort und Stelle kommen die Jungpflanzen, die sehr frostempfindlich sind, erst Ende Mai oder Anfang Juni. Der Abstand soll 25 bis 30 cm betragen. In größeren Töpfen vorkultivierte Pflanzen vertragen das Umsetzen sehr gut; sie können daher blühend auf leergewordene Beete, etwa nach frühblühenden Zweijahresblumen gesetzt werden.

Die Feuersalbei gehört zu den in Grünanlagen, besonders als Ornamentpflanze, häufig angebauten Sommerblumen, Auch in bunten Blumenbeeten findet sie ihren Platz, sie wird auch als Balkonpflanze verwendet.

Salvia splendens SELLO ex NEES

Sanvitalie
Goldrandblume

Korbblütengewächse

Sanvitalia procumbens LAM.

Compositae

10–20 cm VI–X

Von den Arten dieser Gattung wird in unseren Gärten lediglich die Goldrandblume, *Sanvitalia procumbens* LAM., kultiviert.

Sie wird bei etwas kriechendem Wuchs nur 10 bis 20 cm hoch, breitet sich aber bis zu 30 cm im Umkreis aus. Die Stengel sind filzig behaart und stark verzweigt, die Blätter hellgrün, zugespitzt-eiförmig. Die kleinen hellgelben Blumenköpfchen erscheinen in großer Anzahl. Sie sind entweder einfachblühend mit ausdrucksvoller schwarzpurpurner Mittelscheibe oder gefülltblühend mit kaum wahrnehmbarer Mitte. Die Füllung besteht aus zugespitzten Zungenblüten. Die Pflanzen öffnen ihre Blüten häufig bereits Ende Mai und blühen dann unentwegt den ganzen Sommer hindurch bis zum Eintritt des Frostes.

Die Sanvitalie ist eine anspruchslose, willig wachsende Pflanze. Am besten entwickelt sie sich auf durchlässigem Boden in warmer, sonniger Lage. Man sät im März ins Frühbeet und bringt die vorkultivierten Setzlinge Ende Mai, wenn keine Fröste mehr zu befürchten sind, ins Freie und pflanzt auf 30 cm Abstand.

Sanvitalien verwendet man gern in Steingärten, auf Trockenmauern, auf Rabatten und auf trockenen, sonnigen Hängen, wo sie den Boden schnell bedecken und Blütenteppiche bilden. Sowohl in geschlossenen Pflanzungen als auch zusammen mit blaublühenden Sommerblumen (Leberbalsam, Lobelien) sind sie den ganzen Sommer über eine wunderschöne Gartenzierde.

Sanvitalia procumbens LAM.

Purpurskabiose Witwenblume

Kardengewächse

Scabiosa atropurpurea L.

Dipsacaceae

40–90 cm VII–X

Die aus Südeuropa stammende *Scabiosa atropurpurea* gehört zu den beliebtesten Sommerblumen. Sie hat einen schlanken, locker verzweigten Wuchs und ist nur wenig belaubt. Die Blätter sind ungleich groß, lanzettförmig, am Rand buchtig gezähnt. Die purpurrotblühende Stammform ist nicht mehr in Kultur. Heute baut man nur Sorten an, die nach der Höhe in niedrige (40 cm hohe), mittelhohe (60 cm) und hohe (90 cm) eingeteilt werden können. Gern werden auch gefülltblühende Sorten verwendet, deren Farbenskala von Weiß über Gelb, Violett, Rosa und Rot bis Purpurrot reicht. Es gibt auch zweifarbige Sorten. Die glatten, dünnen, aber festen Stiele werden 40 cm lang.

Die Skabiose ist eine anspruchslose Sommerblume, die auf jedem Gartenboden wächst und blüht. Am besten gedeiht sie jedoch auf leichtem, durchlässigem, ausreichend kalkhaltigem Untergrund. Die hohen Sorten brauchen eine geschützte Lage, da sie von stärkerem Wind leicht umgeworfen werden.

Ausgesät wird Ende März ins Frühbeet. Anfang Mai kann man auspflanzen. Der Abstand soll 20 bis 30 cm betragen.

Die hohen Sorten werden vor allem zur Schnittblumengewinnung angebaut. Die beste Zeit für das Schneiden ist gekommen, wenn die Blüten halbgeöffnet sind. Die niedrigen und halbhohen Sorten pflanzt man in Sommerblumenbeete oder als Lückenbüßer in frisch angelegte Staudenbeete.

Scabiosa atropurpurea L.

Spaltblume Schmetterlingsblume

Nachtschattengewächse

Schizanthus RUIZ et PAV.

Solanaceae

25–40 cm VI–VIII

Die hübschen Sorten, die heute angebaut werden, sind durch Kreuzungen von *Schizanthus pinnatus* RUIZ et PAV., *Schizanthus grahamii* GILL. und wahrscheinlich noch anderer Arten entstanden. Diese Wisetonensis-Hybriden bilden dicht verzweigte Büsche, die mit ihrem doppelt fiederschnittigen, hellgrünen Laub schon vor dem Erscheinen der Blüten sehr dekorativ wirken. Die Einzelblüten sind symmetrisch; die Krone besteht aus ungleichen Abschnitten oder ist fast rund. Die Blüten sind weiß, hellrosa, rot oder purpurn mit einem kontrastierenden, andersfarbigen Fleck und auffallender, dunkler Äderung. Die Blütezeit ist kurz, der Flor dauert von Ende Juni bis Ende Juli.

Am besten gedeihen diese Schmetterlingsblumen auf nährstoffreichen, kalkhaltigen, lehmig-sandigen Böden und warmen, sonnigen Standorten. Frischen Stalldung vertragen sie nicht. Bei kaltem, regnerischem Wetter gelangen sie nicht zu voller Schönheit.

Ausgesät wird Mitte März ins Frühbeet. Beste Erfolge stellen sich dann ein, wenn man die Pflanzen in Töpfen vorkultiviert und erst Ende Mai aussetzt. Der Abstand von Pflanze zu Pflanze soll etwa 30 cm betragen.

Schizanthus eignet sich für niedrige bunte Blumenbeete, für Trockenmauern und den Steingarten und auch als Topfpflanze. Die Haltbarkeit der Schnittblumen in der Vase beträgt 7 bis 10 Tage.

Schizanthus wisetonensis LOW.

Hängendes Leimkraut

Nelkengewächse

Silene pendula L.

Caryophyllaceae

10–25 cm VII–VIII

Diese mediterrane Leimkrautart bildet stark verzweigte, breit ausladende Büsche von anfänglich hängend-niederliegendem, später aufsteigendem Wuchs. Alle Pflanzenteile sind leicht behaart. Die Stengel sind rot angelaufen, die Blätter länglich-eiförmig, rauh, dunkelgrün. Die kleinen Blüten, mit denen sich die Pflanze zur Hauptblüte völlig bedeckt, stehen in traubigen Wickeln; sie haben einen bleibenden Kelch und stark zerschlitzte weiße, rosarote, leuchtendrote oder fliederblaue Kronblätter. Es gibt einfache und gefülltblühende Sorten. Die einfachblühenden, die heute allerdings nur vereinzelt angebaut werden, sind von besonders üppigem Wuchs; ihre Büsche werden mehr als 50 cm breit.

Dieses anspruchslose Leimkraut wächst in jedem Gartenboden in warmer, sonniger Lage. Bei anhaltendem Regenwetter oder in extrem feuchten Böden gehen die Pflanzen ein.

Ausgesät wird im März ins Frühbeet. Ende April oder Anfang Mai bringt man die Jungpflanzen an ihren endgültigen Standort und pflanzt in Abständen von 30 bis 40 cm. Durch Folgesaaten kann man den Flor verlängern. Das Leimkraut sät sich oft von selbst aus; die so aufgegangenen Pflanzen blühen zeitig im Frühjahr.

Man benutzt das Hängende Leimkraut zum Bepflanzen trockener Hänge sowie als Rabatten- und Einfassungspflanze. Es eignet sich auch für den Steingarten sowie für Töpfe oder keramische Gefäße, die man auf Terrassen aufstellt.

Silene pendula L.

Studentenblume
Sammetblume

Korbblütengewächse

Tagetes erecta L.

Compositae

20–120 cm VII–X

Die häufig angebaute, aus Mexiko stammende Aufrechte Studentenblume, *Tagetes erecta* L., hat große gärtnerische Bedeutung. Die Pflanzen bilden breit ausladende Büsche mit lebhaft grünem, fiederschnittigem Laub. Man unterscheidet hohe, mittelhohe und niedrige Sorten. Der unangenehme Duft, den die Pflanze ausströmt, fehlt bei den neueren Züchtungen. Bei den ‚Nelkenblütigen Sorten' bestehen die Blumen aus breiten, mehr oder weniger gewellten Zungenblüten, bei den ‚Chrysanthemenblütigen Sorten' dagegen aus Röhrenblüten. Die Blütenfarbe ist Gelb oder Orange in verschiedenen Tönen.

Die Studentenblume wächst in jedem Gartenboden, am besten auf durchlässigem Untergrund in sonniger Lage. Schatten verträgt sie nicht, und auf zu mastigen Böden ist die Blühwilligkeit geringer.

Ausgesät wird im April reihenweise ins Frühbeet. Nach dem Auflaufen wird ausgedünnt. Man darf nicht zu früh säen, die Sämlinge dürfen nicht zu dicht stehen, und man muß reichlich lüften. Ausgepflanzt wird erst Ende Mai. Die Pflanzen vertragen das Umsetzen sehr gut. Die hohen Sorten brauchen 30 bis 40 cm Abstand, bei den niedrigeren genügen 20 cm.

Die niedrigen und mittelhohen Sorten von *Tagetes erecta* verwendet man als Beet- und Einfassungspflanzen. Auch für die Kultur in Töpfen und keramischen Gefäßen werden sie geschätzt. Für den Blumenschnitt eignen sich vor allem die hohen Sorten. Die Haltbarkeit in der Vase beträgt 8 bis 15 Tage.

Tagetes erecta L.

Studentenblume
Sammetblume

Korbblütengewächse

Tagetes L.

Compositae

20–45 cm VI–X

Die Niedrige Studentenblume, *Tagetes patula* L., bildet niedrige, stark verzweigte, halbkugelige Büsche. Die Blumen sind zwar klein, nur 3 bis 5 cm breit, erscheinen jedoch in geradezu unglaublichen Mengen (bis 100 bei den gefülltblühenden und bis 200 bei den einfachblühenden Sorten), so daß bei Pflanzungen eine einzigartige Massenwirkung erreicht wird. Die Pflanzen bieten den ganzen Sommer über und bis zum Spätherbst einen prachtvollen Anblick. Unwetter schadet den Pflanzen nicht. Es gibt Sorten in gelben, orangefarbenen und rotbraunen Schattierungen sowie zweifarbige.

Von der buschig wachsenden, reichverzweigten *Tagetes tenuifolia* CAV. (syn. *T. signata* BARTL.), deren hellgrünes Laub angenehm nach Apfelsinen riecht, sind nur wenig Sorten im Anbau. Die dichten, kompakten, halbkugeligen Büsche bedecken sich zur Blütezeit über und über mit kleinen, 2 cm breiten Blumen, über die wir uns von Juli bis zum Eintritt des Frostes im Spätherbst freuen können. Die gelben und orange Sorten werden seit langem kultiviert, neuerdings gibt es auch eine rotbraune Sorte.

Die beiden hier genannten *Tagetes*-Arten stellen an Boden und Standort dieselben Ansprüche wie *Tagetes erecta*. Sie gehören zu den in Grünanlagen am häufigsten angebauten Sommerblumen. In Blumentöpfen vorkultivierte Setzlinge kann man für Beete verwenden, auf denen Frühblüher standen.

Tagetes patula L.

Tithonie
Gartentithonie

Korbblütengewächse

Tithonia rotundifolia (MILL.) S. F. BLAKE *Compositae*

150 cm VII–X

Tithonia rotundifolia (MILL.) S. F. BLAKE ist eine stattliche, aufrecht wachsende, starkverzweigte und dichtbelaubte Pflanze, die unter günstigen Bedingungen eine Höhe von zwei Metern erreicht. Blätter: langgestielt, sattgrün, länglich herzförmig, etwas filzig behaart. Die Blumenköpfchen stehen in sehr großer Zahl, einfachblühend, bis 5 cm breit, auf langen Stielen. Die gelbe Mittelscheibe wird von einem Kranz leuchtendorangeroter, verhältnismäßig breiter zungenförmiger Randblüten umgeben. Die angenehm riechenden Blumen sehen einfachen Dahlien ähnlich, ihre Farbe ist jedoch auffälliger.

Tithonien brauchen nährstoffreichen, lehmig-sandigen Boden und einen sonnigen, windgeschützten Standort. Ausgesät wird Ende März ins Frühbeet. Die Sämlinge müssen rechtzeitig weitläufig pikiert oder in Torfballen vorkultiviert werden. Die sehr frostempfindlichen Jungpflanzen setzt man erst Ende Mai oder Anfang Juni ins Freie, wobei darauf zu achten ist, daß die Entfernung zwischen den Pflanzen 50 bis 60 cm beträgt.

Man verwendet diese Einjahresblumen einzeln, in Gruppen und als geschlossene Pflanzung. Tithonien sind u.a. zum schnellen Begrünen von größeren unbearbeiteten Flächen und zum Verdecken von Mauern und Zäunen geeignet. Schnittblumen halten sich 7 bis 10 Tage.

Tithonia rotundifolia (MILL.)

Kapuzinerkresse

Kapuzinerkressengewächse

Tropaeolum majus L.

Tropaeolaceae

25–35 cm VI–X

Von den in den Gebirgsgegenden Südamerikas heimischen Arten dieser Gattung finden vor allem Züchtungen von *Tropaeolum majus* L. gärtnerische Verwendung. Die fleischigen, saftreichen Pflanzen sind starkverzweigt und dichtbelaubt. Blätter: langgestielt, rundlich-schildförmig, hellgrün, bei einigen Sorten rotbraun. Die großen fünfzähligen Blüten brechen auf langen, dünnen Stielen aus den Blattachseln hervor. Es gibt einfach- und gefülltblühende Sorten in Gelb, Lachsrosa, Scharlachrot und Rotbraun.

Kapuzinerkressen nehmen mit jedem Gartenboden vorlieb, wenn sie nur einen warmen, sonnigen Standort haben. Am schönsten blühen sie jedoch auf durchlässigem, steinigem Untergrund. Auf sehr nährstoffreichen Böden entwickelt sich das Laub auf Kosten des Blütenreichtums übermäßig.

Die Aussaat erfolgt Anfang Mai an Ort und Stelle horstweise, und zwar auf 20 bis 30 cm Abstand. Frühere Blüte wird durch Vorkultur im Frühbeet erreicht. Da die Jungpflanzen frostempfindlich sind, können sie erst Ende Mai ins Freie gebracht werden.

Die niedrigeren Sorten werden für Einfassungen und auf bunten Sommerblumenbeeten einzeln oder gruppenweise verwendet. Die kriechenden und kletternden Sorten dienen als Balkonpflanzen oder zur Berankung von Zäunen, Geländern u.a. Man benutzt sie auch zur schnellen Begrünung von unbearbeiteten Flächen. Die Haltbarkeit der geschnittenen Stiele beträgt bis 10 Tage; die Knospen öffnen sich in der Vase.

Tropaeolum majus L.

Ursinie

Korbblütengewächse

Ursinia GAERTN.

Compositae

30–50 cm VII–VIII

Von den Arten dieser Gattung ist lediglich die aus Südafrika stammende *Ursinia anethoides* (DC.) N. E. BR. als Zierpflanze von Bedeutung. Sie zeigt einen kompakten, dichtverzweigten Wuchs. Die Blätter sind zart, fein-fiederschnittig, hellgrün. Die einfachen, 5 cm breiten Blumenköpfchen werden von langen, festen Stielen getragen. Leuchtend orange Zungenblüten stehen kranzartig um die gleichfarbige Mittelscheibe. Am Fuß haben die Zungenblüten kleine braunviolette Flecken, die in ihrer Gesamtheit einen dunklen Ring um die Scheibe bilden. Die Ursinie blüht sehr reich, an einer Pflanze erscheinen bis zu 60 Blumenköpfchen.

Ursinien brauchen sandigen, durchlässigen Boden und einen warmen, sonnigen Standort. Nasse Böden und langanhaltendes Regenwetter vertragen sie nicht.

Ausgesät wird Anfang April ins Frühbeet. Mitte Mai kann ausgepflanzt werden. Die Entfernung von Pflanze zu Pflanze soll 20 bis 30 cm betragen. Unter günstigen Bedingungen kann man auch Ende April direkt an Ort und Stelle säen.

Die Ursinie ist eine schöne Einfassungspflanze, die sich auch in bunten Blumenbeeten sehr gut ausnimmt. Sie wird ferner in Steingärten, auf Trockenmauern und auf trockenen Hängen angepflanzt. Ursinien sind wunderschöne Sommerblumen, die nicht nur zur Blütezeit, sondern schon vorher durch ihr zartes, lebhaftgrünes Laub und nach dem Abblühen durch ihre sternförmigen, weißhäutigen Schließfrüchte dekorativ wirken.

Ursinia anethoides (DC) N. E. BR.

Venidie

Korbblütengewächse

Venidium LESS.

Compositae

60–80 cm VI–X

Im Anbau sind Hybriden. die bisher unter dem Namen *Venidium fastuosum* STAPF, zusammengefaßt wurden. Sie sind durch Kreuzungen einiger, heute nicht mehr in Kultur stehender Arten gewonnen worden. Die Venidie ist eine schöne, aus Südafrika stammende Komposite, sie bildet breite Büsche mit aufrechten, vielfach verzweigten, filzigen Stengeln. Auch die graugrünen Blätter sind filzig behaart. Die 7 bis 11 cm breiten Blumenköpfchen stehen auf bis 50 cm langen, wenig beblätterten Stielen. Die Zungenblüten der Köpfchen sind weiß oder orangegelb mit auffallenden Fußflecken, die um die metallisch glänzende, dunkelbraune bis schwarze Scheibe einen dunkelvioletten oder orange Ring bilden. Die geöffneten Blumen sind von einnehmender Schönheit; sie schließen sich jedoch bei trübem Wetter. An einer Pflanze erscheinen nacheinander bis zu 50 Blumen. Der Flor dauert bis in den Spätherbst. Die meisten Blumen werden selbst von den ersten schwachen Frösten nicht geschädigt.

Venidien gehören auf warme, sonnige Standorte, sie brauchen einen gut durchlässigen, nährstoffreichen Boden. In nasser Erde oder bei andauerndem Regenwetter faulen die Pflanzen ab. Die Anzucht erfolgt Anfang April durch Aussaat ins Frühbeet. Die Sämlinge wachsen sehr schnell; bei zu früher oder zu dichter Aussaat schießen sie zu stark in die Höhe. Die Jungpflanzen können schon Anfang Mai auf etwa 40 cm Entfernung ausgepflanzt werden, wenn die Pflanzen abgehärtet sind. Schwache Fröste schaden dann nicht.

Venidien stehen am besten in der Nähe von Wegen, damit sie genau betrachtet werden können, man kann sie auch als Gruppen in bunte Blumenbeete einstreuen. Dabei darf man aber nicht außer acht lassen, daß die Pflanzen ziemlich breite Büsche bilden.

Venidium fastuosum STAPF

Verbene
Eisenkraut

Verbenengewächse

Verbenaceae

Verbena L. 20–45 cm VI–X

Die einjährigen und ausdauernden Arten dieser in Nord- und Südamerika beheimateten Gattung zeichnen sich durch ihre lange Blütezeit aus. Durch Kreuzungen mehrerer Arten entstanden die heutigen Gartenverbenen, die unter der Bezeichnung *Verbena*-Hybriden (syn. *Verbena* × *hybrida* VOSS.) zusammengefaßt werden. Sie sind je nach Sorte von aufrechtem oder niederliegendem bis kriechendem Wuchs und bilden kugelige, kompakte oder flache, sehr breite Büsche. Die stark verzweigten Seitenstengel tragen vielblumige, 5 bis 6 cm breite, dicht gedrängte Dolden, in denen sich jeweils 16 bis 20 kleine Blüten gleichzeitig öffnen. Man teilt die Gartenverbenen, die in allen Farben außer Gelb blühen, in einfarbige und weiß geäugelte ein. Nach der Wuchshöhe unterscheidet man die ‚Mammut'-Verbenen, die 35 bis 45 cm hoch werden, und die Buschverbenen oder ‚Compacta'-Gruppe, die eine Höhe von nur 20 bis 25 cm erreichen.

In bezug auf die Bodenbeschaffenheit sind die Verbenen recht anspruchslos. Sie gedeihen in guten und auch in ärmeren Böden, wenn sie während des Wachstums Mineraldüngergaben erhalten. In naßkalten Jahren ist das Wachtstum allerdings kümmerlich. Die Vermehrung erfolgt Anfang März durch Aussaat in Kisten im Gewächshaus. Die Sämlinge werden gewöhnlich zweimal pikiert und, nachdem sie gut abgehärtet wurden, Ende Mai ausgepflanzt. Verbenen sind sehr frostempfindlich.

Dieser ausgezeichnete Dauerblüher eignet sich vor allem für gemischte und geschlossene Pflanzungen in Grünanlagen. Aber auch im Garten ist seine leuchtende Blütenpracht schätzenswert.

Verbena × *hybrida* VOSS.

Verbene
Eisenkraut

Verbenengewächse

Verbenaceae

Verbena L.

30–100 cm VI–X

Außer den *Verbena*-Hybriden (syn. *Verbena* × *hybrida*) werden in Grünanlagen und Gärten auch andere Arten verwendet, die in ihrer Heimat Stauden sind, bei uns aber einjährig gezogen werden.

V. bonariensis L. bildet bis 100 cm hohe, aufrechte, stark verästelte Büsche. Die behaarten, vierkantigen, steif-aufstrebenden Stengel sind fast blattlos, so daß die stattliche Pflanze leicht und luftig aussieht. Blütenfarbe: fliederblau.

Die niedrige, nur 20 bis 30 cm hohe *V. canadensis* L. BRITT. bildet kompakte, kugelige, bis 30 cm breite Büsche. Blätter hellgrün, unregelmäßig gelappt, zum Teil gekerbt. Die bis 5 cm breiten, violettrosa Blüten sind zu dichten doldigen Ähren vereint. Blütezeit: Anfang Juni bis in den Spätherbst.

Geradezu unentbehrlich zur Bepflanzung größerer Flächen in Parkanlagen ist die Steife Verbene, *V. rigida* SPRENG. Sie bildet lockere, breit ausladende, dicht belaubte, 30 bis 40 cm hohe Büsche. Blätter gesägt, oberseits runzelig. Die hellvioletten Blüten stehen in doldigen Ähren.

Die 30 bis 50 cm hohe *V. erinoides* LAM. ist eine reichverzweigte Pflanze mit eingeschnitten-gesägten Blättern und kleinen blauvioletten Blüten. Sie eignet sich vor allem für ärmere Böden.

In bezug auf Bodenbeschaffenheit und Pflege gilt für die erwähnten Arten dasselbe wie für die *Verbena*-Hybriden. Nur bei *V. rigida* kommt es häufig zu Keimverzögerungen; ihre Samen gehen meist erst nach drei bis vier Wochen auf.

Verbena rigida SPRENG.

Veilchen

Veilchengewächse

Viola L.

Violaceae

10–25 cm IV–VIII

In keinem Garten fehlen die zur artenreichen Gattung *Viola* gehörenden, durch zahlreiche Kreuzungen entstandenen Gartenstiefmütterchen, die *Viola wittrockiana*-Hybriden (syn. *Viola wittrockiana* GAMS.). Die heute angebauten Sorten bilden dicht verzweigte, kompakte Büsche, die jedoch manchmal, vor allem bei schlechter Pflege, schlaff niederliegen. Die fünfzähligen, monosymmetrischen Blüten sind je nach Sorte 4,5 bis 8 cm breit. Gartenstiefmütterchen, die bei uns zweijährig gezogen werden, gibt es in fast allen Farben, Schattierungen und Kombinationen mit Ausnahme von Scharlachrot. Bei den früh- oder winterblühenden Sorten setzt der Flor bereits im Herbst des Vermehrungsjahres ein und wird nach Überwinterung unter der Schneedecke im Frühjahr fortgesetzt. Die meisten anderen Sorten blühen von April bis August.

Stiefmütterchen brauchen humosen, nährstoffreichen Boden in geschützter Lage. Die Anzucht erfolgt durch Aussaat Mitte Juli ins Frühbeet. Das Substrat soll gleichmäßig feucht gehalten und bis zur Keimung beschattet werden. Bei ausreichend weiter Aussaat ist ein Pikieren nicht erforderlich. Ende August oder Anfang September werden die Sämlinge auf 25 cm Abstand an den Standort oder auf eine Entfernung von 15 bis 20 cm zunächst in ein Anzuchtbeet gepflanzt.

Stiefmütterchen verwendet man gern zur Bepflanzung größerer Flächen, für Blumenornamente in Parkanlangen oder für Gruppenpflanzungen zusammen mit anderen Blumen.

Viola × wittrockiana GAMS

Xanthisme

Korbblütengewächse

Xanthisma DC.

Compositae

50–90 cm VII–X

Von den zwei Arten dieser Gattung kommt als Gartenzierde nur *Xanthisma texanum* DC. aus Texas in Betracht. Das breit ausladende Gewächs hat schmallanzettförmige Blätter und zahlreiche dichtbelaubte Seitenzweige, die 5 bis 6,5 cm breite leuchtendgelbe Blumenköpfe tragen. Die Mittelscheibe der Blumenköpfchen ist hellgelb. An einer Pflanze erscheinen bis zu 90 derartiger, margeritenähnlicher, schön geformter Blumen. Die abgeblühten werden immer wieder durch neue ersetzt, so daß die Xanthismen den ganzen Sommer über in Flor stehen und stets frisch und anmutig wirken.

Die Pflanzen stellen keine besonderen Ansprüche, gedeihen jedoch am besten in sandiger, durchlässiger Erde an einem warmen, sonnigen Standort. Auf nassen Böden oder bei feuchtkalter Witterung während des Wachstums mißraten sie.

Man sät Mitte März ins Frühbeet oder in Kästen. Ausgepflanzt wird Mitte Mai an den vorgesehenen Platz in 35 bis 40 cm Abstand. Die fertigen Pflanzen vertragen leichte Fröste verhältnismäßig gut.

Die Schmuckwirkung der Xanthismen beruht auf ihren formschönen, goldgelben Blüten und auf ihrer dichten, frischgrünen Belaubung. Obwohl es nur wenige Sommerblumen gibt, die so lange blühen, haben Xanthismen bisher nur eine geringe Verbreitung gefunden. Man verwendet sie vorteilhaft für bunte Blumenbeete oder zum Bepflanzen trockener Hänge. Die Blumen können als Schnittblumen verwendet werden; sie halten sich 7 bis 9 Tage in der Vase.

Xanthisma texanum DC.

Papierblume

Korbblütengewächse

Xeranthemum annuum L.

Compositae

50–65 cm VII–X

Die stark verästelte, einjährige Papierblume wächst in Südeuropa wild. Sie hat schmale, zugespitzte, hübsch graubehaarte Blätter. Die verhältnismäßig kleinen Blütenkörbchen haben einen Durchmesser von 4 cm und sind je nach der Sorte einfach oder gefüllt und flach bis kugelig rund. Sie bestehen aus zahlreichen Röhrenblüten und einigen Reihen großer, trockenhäutiger Hüllblätter, die wie Kronblätter aussehen und dieselbe Farbe wie die Scheibenblüten haben. An einer Pflanze öffnen sich nach und nach bis zu 130 weiße, rosarote, violette oder purpurrote Blumen. Der Flor beginnt Anfang Juli und hält bis in den Spätherbst an. Selbst unter den ersten Herbstfrösten leiden die Blumen nicht.

Die Papierblume ist eine anspruchslose Pflanze, die an trockenen Plätzen in jedem normalen, durchlässigen Gartenboden gedeiht. Starke Feuchtigkeit verträgt sie nicht.

Die Aussaat erfolgt am besten Anfang März ins Frühbeet. Abgehärtete Setzlinge sind gegen leichte Fröste ziemlich widerstandsfähig; man kann sie daher schon Anfang Mai auspflanzen. Die Entfernung von Pflanze zu Pflanze soll 30 bis 40 cm betragen. Die Pflanzen müssen vor Hasen und Kaninchen geschützt werden.

Man benutzt die Papierblumen gern zur Bepflanzung vollsonniger, austrocknender Hänge. Vor allem haben sie aber als Trockenblumen Bedeutung. Man schneidet die Blumen nach eben erfolgtem Aufblühen und trocknet sie in kleinen Bündeln in luftigen schattigen Räumen.

Xeranthemum annuum L.

Zinnie

Korbblütengewächse

Zinnia L.

Compositae

30–90 cm VI–X

Die Ausgangsarten unserer heutigen Zinniensorten stammen aus Mexiko. Eine der bedeutendsten ist die *Zinnia elegans* JACQ., von der es zahlreiche, sich in Wuchs und Blumenform unterscheidende Sorten gibt. Die verschieden hohen Pflanzen sind stark verästelt, kurz- und rauhbehaart. Die aufrechten, gabelig verzweigten Stengel brechen verhältnismäßig leicht ab. Die Blumenköpfchen sind je nach Sorte 5 bis 15 cm breit und von sehr unterschiedlicher Form und Füllung. Vertreten sind außer Blau fast alle Farbschattierungen.

Weniger verbreitet, aber deswegen nicht weniger schön sind die Sorten der Schmalblättrigen Zinnie, *Zinnia angustifolia* H.B.K. Diese Art ist niedriger (30 bis 50 cm) und von lockererem Bau, dafür aber sehr reichblütig. Die Blumenköpfchen der meistens mehrfarbigen, einfachen oder gefüllten Sorten sind 4 bis 6 cm breit. Die frühen Sorten beginnen Ende Juni zu blühen; ihr Flor dauert bis in den Spätherbst.

Humoser, nährstoffreicher Boden in sonniger, windgeschützter Lage ist die wichtigste Voraussetzung für das Gedeihen der Zinnien. Ausgesät wird Ende März in Reihen ins Frühbeet. Bei ausreichend weitläufiger Aussaat erübrigt sich das Pikieren. In die Höhe geschossene Setzlinge kann man entspitzen. Ausgepflanzt wird erst Ende Mai in 25 bis 40 cm Abstand.

Die niedrigen und mittelhohen Sorten finden im Garten sowie auf größeren Flächen in Grünanlagen vielseitige Verwendung. Die hohen Sorten baut man vornehmlich zum Schnitt an. Die Blumen bleiben in der Vase 6 bis 10 Tage frisch.

Zinnia elegans JACQ.

Übersicht über die wichtigsten Eigenschaften der Sommerblumensamen

	Anzahl der auf 1 g entfallenden Samenkörner	*Keimfähigkeit des Samens* in Jahren	*Aussaatort*	*Dauer der Keimung* in Tagen
Ageratum houstonianum	6000–7000	2–3	G F	7–10
Agrostis nebulosa	10 000	2–3	F	5–7
Althaea rosea	80–90	3	F	10–14
Amaranthus caudatus	1500	4	F D	10
Antirrhinum majus	6000–8000	4	G F	14
Arctotis venusta	450–550	3	F D	14
Begonia semperflorens	75 000	2–3	G	14
Bellis perennis	7000	2–3	F	10–14
Brachycome iberidifólia	6000	3	F	7
Calendula officinalis	150–170	4	D	6–11
Callistephus chinensis	450–500	3	F D	7–10
Campanula medium	4500	3	F	14
Celosia argentea	1100–1300	3–5	G F	5–7
Centaurea cyanus	250	3–4	D	8–14
moschata (jetzt *Amberboa moschata*)	300–350	3–4	D	8–14
Chrysanthemum carinatum	300–350	2–3	F D	8–14
coronarium	500–600	2–3	F D	8–14
parthenium	6500	2	F	6–12
segetum	300–400	2–3	D	8–18
Clarkia unguiculata	3000	2–3	F D	5–10
Cleome spinosa	4000	2–3	D	14
Convolvulus tricolor	80–100	3–4	D	10–14
Coreopsis basalis	700	3	F	6–12
tinctoria	2000–3000	3	F	6–12
Cosmos bipinnatus	150	2–4	F D	6–14
sulphureus	120	2–4	D	6–14
Crepis rubra	700	2–4	F D	10–14
Cucurbita pepo	14–18	2–4	F D	7–10
Cynoglossum amabile	300	3	D	10–21
Delphinium consolida	400–600	4	D	14–21
Dianthus barbatus	1000	4	F	14
caryophyllus	600	4	F	10–14
chinensis	1000	4	F	10

	Anzahl der auf 1 g entfallenden Samenkörner	Keimfähigkeit des Samens	Aussaatort	Dauer der Keimung
		in Jahren		in Tagen
Didiscus caeruleus	350	2–3	F	10–16
Dimorphotheca sinuata	550–650	3	D	6–10
Dorotheanthus bellidiformis	4000	2–3	F	7–14
Eschscholzia californica	400–500	2	D	10–14
Gaillardia pulchella	400–500	2	F	8–14
Gazania rigens	200–250	2	F	7
Godetia grandiflora	2000	4	F D	7–12
Gypsophila elegans	1000	2	D	7–14
Helianthus annuus	20–50	3	F D	10–14
Helichrysum bracteatum	1300–1500	3	F	7
Helipterum roseum	380	2–3	F	7
Iberis amara	350	5	F	6–8
umbellata	400	5	F D	6–8
Impatiens balsamina	100	6	F	6–8
walleriana	2000–3000	6	G F	6–8
Ipomoea purpurea	40–50	2–4	F D	7
Kochia scoparia	1000	2–4	D	7–14
Lagurus ovatus	4–6 Ähren	2–4	F D	14–18
Lathyrus odoratus	12–15	3–4	F D	10–14
Limonium sinuatum	10–15 Früchte	2–3	F	10–14
suworowii	4000–5000	2–3	F	10–14
Linaria bipartita	12 000–13 000	2	D	10
Linum grandiflorum	300	5	F D	7–10
Lobelia erinus	33 000–50 000	2	G	10
Lobularia maritima	2500–3000	3	F D	7
Lonas annua	3000	3–4	F	10
Malope trifida	250–300	4	D	6–8
Matthiola incana	600	2–3	G	7
Mimulus luteus	23 000	2–3	F	7–14
Mirabilis jalapa	10	2–3	F	10
Myosotis alpestris	2000	3–4	F	14
Nemesia strumosa	4000–5000	2	F	6–12
Nicotiana alata	6000–8000	4	F	7–14
Nigella damascena	450–500	2–3	D	10
Panicum capillare	2000–3000	2–3	F D	7–14
Papaver rhoeas	7000–8000	3–4	D	7–10
somniferum	3000	3–4	D	7–10
Pentstemon-Hybriden	2000–2400	2–3	G F	14–21
Petunia-Hybriden	7000–9000	4	G	15
Phacelia campanularia	2000	3	D	14
Phaseolus coccineus	800 (auf 1 kg)	4	D	14

	Anzahl der auf 1 g entfallenden Samenkörner	*Keimfähigkeit des Samens*	*Aussaatort*	*Dauer der Keimung*
		in Jahren		in Tagen
Phlox drummondii	400–550	3	G F	7–10
Portulaca grandiflora	9000–10 000	4	G	5–9
Reseda odorata	1000	3–4	D	12
Ricinus communis	3–6	3–4	F D	7–14
Rudbeckia hirta	2500	3	F	5–9
Salpiglossis sinuata	4500	4	F D	7–10
Salvia coccinea	700–800	3	F	9–14
farinacea	800–900	4	F	9–14
horminum	300–400	2–3	F	9–14
splendens	350	2–3	G	9–12
Sanvitalia procumbens	700–1000	2–3	F	10
Scabosia atropurpurea	160	3	F	6–10
Schizanthus wisetonensis-Hybriden	1800–2000	2–3	F	7–10
Silene pendula	900–1000	3	F	7–10
Tagetes erecta	250	2–3	F	8–12
patula	400	2–3	F	8–12
tenuifolia	1400	2–3	F	8–12
Tithonia rotundifolia	90	2–4	F	4–8
Tropaeolum majus	10–20	4	F D	10–12
Ursinia anethoides	1000	2–3	F	6–10
Venidium fastuosum	1300–1500	2–3	F	8–12
Verbena bonariensis	4000	1–2	F	10–14
canadensis	1500	1–2	F	10–14
rigida	1300–1500	1–2	G	14–21
– Hybriden	300–400	1–2	G	10–14
Viola wittrockiana-Hybriden	800–1100	2	F	7–14
Xanthisma texanum	760	2–3	F	7–14
Xeranthemum annuum	700–800	2–3	F	7
Zinnia angustifolia	500	4	F	7
elegans	120–150	4	F	7

ZEICHENERKLÄRUNG:

D = Direktaussaat an Ort und Stelle
F = Aussaat ins Frühbeet
G = Aussaat im Gewächshaus in Kisten

LITERATUR

Bailey, L. H.: Standard Cyclopedia of Horticultur, New York 1953.

Booth, C. O.: An Encyclopedia of Annual and Biennal Garden Plants, London 1957.

Dietert, F.: Unsere Gartenstiefmütterchen, Leipzig 1962.

Encke, F.: Sommerblumen, Stuttgart 1961.

Encke, F.: Buchheim, G. und S. Seybold: Zander, Handwörterbuch der Pflanzennamen, 10. Aufl., Stuttgart 1972.

Grunert, Chr.: Einjahresblumen, 3. Aufl., Berlin 1963.

Mansfield, T. C.: Annuals in Color and Cultivation, London 1953.

Müller, E. W.: Pflanzenschutz bei Blumen und Zierpflanzen, 4. Aufl., Berlin 1974.

Pape, H.: Krankheiten und Schädlinge der Zierpflanzen, Berlin 1955.

REGISTER DER DEUTSCHEN NAMEN

REGISTER DER LATEINISCHEN NAMEN